ISS
sobre o *Leasing* e Cartões de Crédito e Débito

0196

Conselho Editorial
André Luís Callegari
Carlos Alberto Molinaro
César Landa Arroyo
Daniel Francisco Mitidiero
Darci Guimarães Ribeiro
Draiton Gonzaga de Souza
Elaine Harzheim Macedo
Eugênio Facchini Neto
Gabrielle Bezerra Sales Sarlet
Giovani Agostini Saavedra
Ingo Wolfgang Sarlet
José Antonio Montilla Martos
Jose Luiz Bolzan de Morais
José Maria Porras Ramirez
José Maria Rosa Tesheiner
Leandro Paulsen
Lenio Luiz Streck
Miguel Àngel Presno Linera
Paulo Antônio Caliendo Velloso da Silveira
Paulo Mota Pinto

Dados Internacionais de Catalogação na Publicação (CIP)

M277i   Mangieri, Francisco Ramos.
        ISS : sobre o leasing e cartões de crédito e débito / Francisco Ramos Mangieri, Omar Augusto Leite Melo. – 2. ed., rev. e atual. – Porto Alegre : Livraria do Advogado, 2018.
        167 p. ; 23 cm.
        Inclui bibliografia.
        ISBN 978-85-9590-022-6

        1. Imposto sobre serviços. 2. Leasing. 3. Cartões de crédito. 4. Cartões de débito. I. Melo, Omar Augusto Leite. II. Título.

CDU 336.241
CDD 343.81043

Índice para catálogo sistemático:
1. Imposto sobre serviços   336.241

(Bibliotecária responsável: Sabrina Leal Araujo – CRB 10/1507)

Francisco Ramos Mangieri
Omar Augusto Leite Melo

ISS
sobre o *Leasing* e Cartões de Crédito e Débito

2ª EDIÇÃO
revista e atualizada

livraria
DO ADVOGADO
editora

Porto Alegre, 2018

©
Francisco Ramos Mangieri
Omar Augusto Leite Melo
2018

Capa, projeto gráfico e diagramação
Livraria do Advogado Editora

Revisão
Rosane Marques Borba

Imagem da capa
freeimages.com

Direitos desta edição reservados por
Livraria do Advogado Editora Ltda.
Rua Riachuelo, 1300
90010-273 Porto Alegre RS
Fone: 0800-51-7522
editora@livrariadoadvogado.com.br
www.doadvogado.com.br

Impresso no Brasil / Printed in Brazil

Dedico este livro aos meus familiares.
Muito obrigado a todos pelo apoio e carinho.
Também ofereço esta obra aos meus amigos e colegas do escritório.
Que Deus abençoe, guarde e use todos nós!

Omar Augusto Leite Melo

Esta obra é inteiramente dedicada à minha querida família: Gabi, Dani, Maria Helena, Daniela, Davi, Luan, Adriana, Gilberto, Dirce e Ildefonso, pessoas que me dão força e entusiasmo em todas as situações.

Ofereço igualmente este trabalho aos meus amores eternos Francisco (pai) e Iolanda (avó), cujas ausências deixaram um vazio enorme em meu coração.

Francisco Ramos Mangieri

Prefácio à segunda edição

Estamos vivendo um momento de real enfrentamento de problemas que vinham sendo contornados há décadas no nosso país. Dentre eles, estão a necessidade de sustentabilidade financeira dos Municípios em geral, minimizando-se a guerra fiscal entre eles, e a submissão das diversas atividades econômicas à tributação, como imperativo de capacidade contributiva e de isonomia.

É certo que uma reforma tributária abrangente mostrou-se utópica em face da ausência de convergência política para tanto. Basta constatar que há inúmeros projetos de emenda constitucional que não saem do papel. Mas, de outro lado, novas soluções passaram a se desenhar.

De enorme importância está sendo a consolidação do entendimento de que o ISS pode abarcar negócios jurídicos variados, cujos objetos desbordam da tradicional obrigação de fazer em seu sentido civil. Nessa linha, a decisão do Plenário do Supremo Tribunal Federal no sentido da validade da sua cobrança sobre operações de *leasing* (STF, Tribunal Pleno, RE 592.904, 2009). Mais ousada, ainda, foi a decisão do STF no sentido de que o ISS poderia alcançar as atividades realizadas pelas operadoras de planos de saúde, não tanto pelo reconhecimento dessa possibilidade, mas, principalmente, pela proclamação, na sua fundamentação, de que as mais diversas utilidades que constituam o objeto da atividade econômica, com destaque para aquelas decorrentes do avanço tecnológico, podem ser trazidas pela lei complementar ao seu campo de incidência. O ISS, assim, assume a feição quase que de um imposto residual, cujas materialidades podem ser periodicamente estendidas por lei complementar, desde que resguardado o núcleo essencial consistente no "oferecimento de uma utilidade para outrem, a partir de um conjunto de atividades materiais ou imateriais, prestadas com habitualidade e intuito de lucro, podendo estar conjugada ou não com a entrega de bens ao tomador" (STF, Tribunal Pleno, RE 651.703, set/2016).

Outro passo, especificamente tratado neste livro de Mangieri e Omar, que são dos maiores especialistas em tributos municipais do Brasil, é a repartição da arrecadação do ISS entre os diversos Municípios brasileiros no que tange ao *leasing* e aos cartões de crédito e débito. Essas atividades envolvem clientes na generalidade dos Municípios, mas vinham sendo tributadas apenas por aqueles que abrigavam as sedes das respectivas instituições ou empresas, ou seja, apenas pelos Municípios em que concentrada a administração das suas operações. Com o advento da LC nº 157/2016, a tributação passou a se viabilizar a modo pulverizado, em todo o País, sendo devido o imposto no Município em que situados os tomadores dos respectivos serviços (art. 3º, XXIV e XXV, da LC 116/03).

O domínio tanto dos temas teóricos quanto da aplicação da legislação relativa ao ISS faz com que os autores atentem também para as questões relacionadas aos procedimentos de fiscalização e às obrigações acessórias que viabilizam a tributação desses dois setores.

É imperativo dizer que este livro permite a plena compreensão dos aspectos jurídicos e administrativos inerentes à incidência do ISS sobre os contratos de *leasing* e sobre as atividades das empresas administradoras de cartões de crédito e débito. Trata-se de livro atual, necessário e muito bem pensado e escrito, de modo que constitui subsídio utilíssimo tanto para os agentes do fisco como para os contribuintes que trabalham com a matéria.

Leandro Paulsen
Doutor em Direitos e Garantias do Contribuinte,
Desembargador Federal e Professor de Direito Tributário.

Prefácio à primeira edição

Omar Augusto Leite Melo e Francisco Ramos Mangieri já são nomes conhecidos na literatura jurídica.

O primeiro é professor de Direito Tributário; o segundo é integrante da carreira de auditor fiscal da Prefeitura de Bauru, tendo exercido importantes cargos nos órgãos de Arrecadação Tributária daquele município.

São autores do livro – *ITBI – Imposto sobre Transmissões de Bens Imóveis,* lançado pela Editora Edipro, que prefaciamos em 2006.

Agora, lançam a obra intitulada *ISS sobre Leasing* com a mesma objetividade, clareza e praticidade do primeiro livro retrorreferido. Trata-se de uma monografia que exaure o estudo acerca da tributação do *leasing* pelo ISS.

Não só examinam em profundidade o aspecto nuclear do fato gerador, calcado nos votos proferidos pela Corte Suprema nos Recursos Extraordinários n°s 547.245 e 592.905, que colocaram uma pá de cal sobre a polêmica questão de incidência ou não do ISS nas operações de *leasing,* como também, discorrem sobre muitas outras questões polêmicas que, ainda, precisam ser dirimidas pela doutrina e jurisprudência. De fato, imprescindível que sejam examinados em profundidade os aspectos quantitativo, espacial e temporal do fato gerador da obrigação tributária. Estes dois últimos aspectos influem na eleição do sujeito ativo como bem demonstra a obra.

Onde ocorre o fato gerador do ISS? Qual sua base de cálculo? São questões respondidas pelos autores.

Os autores esmiúçam as noções de estabelecimento do arrendador, de agências bancárias, de estabelecimentos de revendedores de veículos para bem precisar o local da ocorrência do fato gerador. A base de cálculo, também, é cuidadosamente analisada pelos autores que sustentam posições que nem sempre coincidem com as que adotamos, mas que certamente contribuem para enriquecer os debates.

A obra voltada especificamente para a defesa dos interesses da Administração Tributária discorre sobre as estratégias para arrecadação eficiente do imposto.

Trata-se de uma obra útil aos operadores do direito em geral e necessária aos procuradores e auditores da Fazenda.

Kiyoshi Harada
Especialista em Direito Tributário e em Ciência das Finanças pela USP.
Acadêmico Perpétuo da Academia Paulista de Letras Jurídicas
e Acadêmico da Academia Brasileira de Direito Tributário.

Sumário

Introdução à segunda edição..13

Introdução à primeira edição..15

1. Contrato de Arrendamento Mercantil (*Leasing*) e seu reflexo no ISS..........17
   1.1. Histórico e breve relatório sobre a tributação do Contrato de
       Arrendamento Mercantil..17
   1.2. Contrato de Arrendamento Mercantil..26
       1.2.1. O tratamento do *leasing* na Lei nº 6.099/1974...............................26
       1.2.2. O tratamento do *leasing* na Resolução CMN nº 2.309/1996..............29
       1.2.3. Definições do contrato e reflexos tributários..................................33

2. Modalidades de *Leasing*..45

3. Decisão do STF em prol da incidência do ISS sobre o *leasing* financeiro......52

4. Elementos do fato gerador do ISS sobre o *leasing*..................................54
   4.1. Elemento material..54
       4.1.1. Subarrendamento mercantil...55
       4.1.2. Cessão de contratos de arrendamento mercantil............................56
       4.1.3. *Leasing*-importação..56
   4.2. Elemento temporal..64
       4.2.1. Arbitramento e momento de ocorrência do fato gerador................67
   4.3. Elementos pessoais..69
       4.3.1. Substituição tributária..70
   4.4. Elemento espacial..73
       4.4.1. Local de ocorrência na redação original da LC 116/2003:
            definição do "estabelecimento prestador". RESP 1.060.210 do STJ....73
       4.4.2. Local de ocorrência após o advento da Lei Complementar
            nº 157/2016, que incluiu o inciso XXV no art. 3º da Lei
            Complementar nº 116/2003: local do domicílio do
            tomador dos serviços...79
   4.5. Elementos quantitativos...81

5. Administração de cartões de crédito e dédito ... 90
5.1. Definição do contrato de administração de cartões ... 90
5.1.1. Cartão de crédito ... 93
5.1.2. Contrato ... 94
5.1.3. Pessoas envolvidas na operacionalização ... 96
5.1.4. Normas aplicáveis: autorregulação ... 97
5.2. Enquadramento na lista de serviços ... 98
5.3. Objeto da tributação pelo ISS ... 100
5.4. Sujeito ativo ... 101
5.5. Sujeito passivo ... 102
5.5.1. Administradoras de cartões ... 102
5.5.2. Bancos ... 102
5.5.3. Substituição tributária ... 106

6. Procedimentos de fiscalização ... 109
6.1. Início da ação fiscal ... 109
6.1.1. Fiscalização orientadora ... 110
6.1.2. Denúncia espontânea ... 110
6.2. Poder de polícia da fiscalização tributária ... 111
6.3. Ônus da prova do fato gerador ... 112
6.4. Notificações e Intimações ... 113
6.5. Arbitramento da base de cálculo ... 114
6.5.1. Arrendadoras mercantis ... 115
6.5.2. Administradoras de cartões de crédito e débito ... 119

7. Decadência e prescrição ... 121
7.1. Decadência ... 121
7.2. Prescrição ... 122

8. Obrigações acessórias ... 124
8.1. Minuta de lei instituindo obrigações acessórias do ISS sobre *leasing* e cartões de débito e crédito ... 126
8.2. Projeto de lei complementar que cria o padrão nacional de obrigação acessória do ISS ... 129

9. Legislação sobre *leasing* ... 132
9.1. Lei nº 6.099, de 12 de setembro de 1974 ... 132
9.2. Resolução CMN nº 2.309/1996 ... 137

10. Comentários acerca da ADI 5.835 ... 145

11. Lei Complementar nº 116, de 31 de julho de 2003 ... 151

Bibliografia ... 166

Introdução à segunda edição

Quando elaboramos a primeira edição desta obra, ainda estavam sob discussão no Superior Tribunal de Justiça as discussões envolvendo o Município competente e a base de cálculo do ISS sobre o *leasing*.

Depois da decisão do STJ mantendo a *concentração* da cobrança desse imposto municipal para os Municípios onde estão sediadas as arrendadoras mercantis, percebeu-se um consequente desânimo na tributação do ISS em cima da administração de cartões de crédito e débito.

Diante desse contexto, o assunto restou praticamente encerrado, até o advento da recente Lei Complementar nº 157, de 2016, aprovada pelo Senado (Projeto de Lei do Senado nº 386, de 2012 – Complementar) e pela Câmara dos Deputados (Substitutivo a Projeto de Lei do Senado nº 15, de 2015), com a previsão da cobrança *pulverizada* do ISS sobre essas duas atividades financeiras, que giram bilhões de reais por ano. Basicamente, de acordo com o texto aprovado no Legislativo Federal, o ISS passaria a ser devido no local do domicílio do tomador do serviço (destino), e não mais na origem (sede das arrendadoras e das administradoras).

Ocorre que um novo balde d'água fria foi jogado nos Municípios através de veto presidencial, que afastou a mudança do local de ocorrência do ISS sobre essas atividades financeiras, sob o argumento dessa alteração no elemento espacial do imposto municipal ser contrária ao interesse público.

Inconformados, os Municípios não aceitaram passivamente esse veto e pressionaram suas lideranças políticas em busca da derrubada desse veto. E conseguiram êxito nessa jornada!

Com essa mudança legislativa agora sacramentada, é óbvio que o tema voltou à tona, e, provavelmente, retornará com todas as forças e interesse que essa tributação merece, uma vez que há expectativas de bilhões de reais a serem arrecadados anualmente em cima dessas duas atividades financeiras.

Portanto, uma vez *praticamente* superados os obstáculos constitucionais e legais, a partir de agora, os Municípios deverão investir esforços em adequar suas próprias legislações e capacitar seus agentes fiscais para uma eficiente fiscalização que traga toda essa arrecadação desejada. Foi destacado que os obstáculos constitucionais e legais foram "praticamente" superados, uma vez que há uma ação direta de inconstitucionalidade (ADI 5.835, rel. Min. Celso de Mello) questionando essa mudança; logo, ainda é possível que essa cobrança seja derrubada na via judicial.

E é exatamente aqui que entra o propósito desta segunda edição do nosso livro: proporcionar para as Administrações Tributárias Municipais informações técnicas fundamentais e práticas para a cobrança e arrecadação do ISS sobre o *leasing* e, também, a administração de cartões de crédito e débito. Dito de uma forma mais objetiva, procuramos escrever essa segunda edição de tal forma que o livro funcione como uma espécie de "manual de instruções" para aqueles agentes fiscais que trabalharão com essa cobrança tão especial e rentável para os Municípios brasileiros.

Neste sentido, trazemos orientações e sugestões de textos normativos e de técnicas de fiscalização para que os Municípios obtenham êxito nessa empreitada.

Finalmente, repetimos aquilo que escrevemos na introdução à primeira edição da obra, ou seja, esperamos contribuir de algum modo com os nossos respeitados leitores, a quem pedimos a gentileza de enriquecer o escrito com *críticas* e *sugestões* que podem ser enviadas para os contatos abaixo informados.

Introdução à primeira edição

Temos a honra de apresentar aos estudiosos do direito tributário municipal a presente obra que trata especificamente da incidência do ISS sobre o arrendamento mercantil de bens móveis e imóveis (*leasing*).

Em primeiro lugar, cumpre informar que essa tributação sempre encontrou, de um lado, uma severa resistência por parte das instituições financeiras que discordavam da validade dessa cobrança e, de outro lado, o receio dos Municípios em levar adiante fiscalizações e lançamentos tributários que pudessem ser posteriormente derrubados no Poder Judiciário, com os prejuízos daí decorrentes (custas processuais, honorários advocatícios, perda de tempo, etc.).

Esse cenário foi criado porque a doutrina e a jurisprudência vinham ratificando o entendimento de que o ISS não poderia incidir sobre o *leasing*, sob o argumento deste contrato se tratar de uma operação financeira (sujeita ao IOF, portanto), e não uma de uma prestação serviço, ou, ainda, tratando esse contrato como uma locação insuscetível à tributação do ISS (RE nº 116.121). Ademais, sempre se equiparou o arrendamento mercantil a um contrato misto de financiamento, compra e venda a prazo e locação de bens, todas atividades estranhas ao Imposto Sobre Serviços.

Contudo, no ano de 2009, quando do julgamento dos Recursos Extraordinários nos 547.245 e 592.905 (*leading cases*), o Plenário do Supremo Tribunal Federal, por maioria absoluta de votos (apenas um voto vencido, do Ministro Marco Aurélio), colocou uma pá de cal nesta polêmica, votando pela validade da incidência do ISS sobre o arrendamento mercantil na sua modalidade financeira (que incluiu o chamado *lease-back*).

Com isso, os Municípios ganharam o aval que tanto precisavam para levar adiante essa cobrança tributária com total segurança jurídica no que diz respeito à constitucionalidade da tributação.[1]

---

[1] Sem dúvida alguma, trata-se de uma extraordinária fonte de receita municipal. De acordo com a ABEL – Associação Brasileira de Empresas de *Leasing* (www.leasingabel.org.br), em 2009 a carteira de *leasing* atingiu a cifra de mais de R$ 100 bilhões, com quase 5 milhões de contra-

Só que essa tributação ainda possui pelo menos mais *dois* grandes pontos que, provavelmente, ainda acirrarão a discussão entre Fiscos Municipais e as instituições financeiras arrendadoras: *onde* ocorre o fato gerador do ISS? Qual a *base de cálculo* do imposto?

Ademais, outros assuntos correlatos acabam aparecendo, que também foram enfrentados nesta obra: as *agências bancárias locais* podem ser incluídas como responsáveis solidárias? E as *revendedoras de veículos*? Quais as *obrigações tributárias acessórias* que podem ser instituídas pelos Municípios com relação a esses personagens atuantes no contrato de arrendamento mercantil? O ISS também pode incidir sobre as operações de *leasing*-importação?

Os temas da fiscalização e do (eventual, ou melhor, provável) *arbitramento* da base imponível do imposto, que também são de fundamentais importâncias e com aplicações práticas, mereceram análise cuidadosa neste nosso trabalho.

Este livro ousa responder tais questões de forma bastante objetiva e prática, sempre à luz da jurisprudência nacional, notadamente do STF e do STJ.

Mas não é só. Além disso, procuramos discorrer acerca de estratégias para uma arrecadação mais eficiente do imposto, como é o caso da *substituição tributária* e da *solidariedade*.

E uma arrecadação eficiente passa necessariamente por instrumentos de *controle* eficazes. Daí a importância de se estabelecer obrigações acessórias para as partes dessa intrincada relação tributária, matéria que também é abordada no presente trabalho.

Tais medidas foram agrupadas em uma "minuta" de projeto de lei que elaboramos para os nossos cursos, palestras e assessorias que damos para vários municípios brasileiros, e que pode ser conferido em anexo.

Por fim, o livro é complementado com jurisprudências e legislações afetas ao tema.

Esperamos contribuir de algum modo com os nossos respeitados leitores, a quem pedimos a gentileza de enriquecer o escrito com *críticas* e *sugestões* que podem ser enviadas para os contatos abaixo informados.

francisco@tributomunicipal.com.br
omar@omar.adv.br

---

tos em execução. Pensando numa alíquota de 5% para o ISS (a mais utilizada pelas leis municipais, até porque é o percentual máximo desse imposto), os Municípios brasileiros podem esperar (e devem batalhar por) uma receita de aproximadamente R$ 5 bilhões.

1. Contrato de Arrendamento Mercantil (*Leasing*) e seu reflexo no ISS

1.1. Histórico e breve relatório sobre a tributação do Contrato de Arrendamento Mercantil

Em primeiro lugar, cumpre relatar que essa disputa tributária não é nada recente.

Com efeito, após a instituição da Lei Federal nº 6.099/1974, que dispõe sobre o tratamento tributário (federal) do contrato de arrendamento mercantil, alguns Municípios brasileiros pretenderam cobrar o Imposto Sobre Serviços das arrendadoras mercantis.

E essa tentativa tinha como base o item 52 da Lista de Serviços anexa ao Decreto-Lei nº 406/1968, na redação dada pelo Decreto-Lei nº 834/1969: "locação de bens móveis".

Curiosamente, nesta época, os Municípios defendiam que o *leasing* era uma locação de bens móveis; enquanto as instituições financeiras negavam tal natureza ao contrato. Essa celeuma acabou ensejando a inserção da expressão "inclusive arrendamento mercantil", no item 79 da Lista de Serviços do ISS, na redação dada pela Lei Complementar nº 56/1987. Tal mudança legislativa mostrou-se verdadeiramente necessária para a incidência do ISS sobre o arrendamento mercantil porque a 1ª Seção do Superior Tribunal de Justiça, no julgamento do EDcl no EREsp nº 341, de 30.5.1995, DJ de 7.8.1995, pacificou o entendimento de que *"o ISS não incide em arrendamento mercantil contratado antes de janeiro de 1987"*.

Aliás, interessante notar que, no final da década de 1980, o STF *quase* chegou a julgar essa tributação do *leasing* pelo ISS, tendo paralisado o julgamento em razão da criação do STJ, conforme se depreende do RE nº 107.869, j. em 23.8.1989.[2]

Então, com o advento da Lei Complementar nº 56/1987, a briga judicial não ficaria mais necessariamente em torno da equivalência entre o contrato de arrendamento mercantil e a mera locação de bens móveis. Um novo ingrediente foi adicionado: o contrato de arrendamento mercantil é um *serviço*?

Analisando a questão sob a luz exclusivamente da legislação federal infraconstitucional (sendo mais claro: interpretando e aplicando o referido item 79 da Lista de Serviços, conforme redação dada pela Lei Complementar nº 56/1987), o Superior Tribunal de Justiça entendeu que o ISS incidia, sim, sobre o *leasing*, mas sem enfrentar qualquer matéria de índole constitucional.

A propósito, depois de vários precedentes neste sentido, em 1995 foi editada a Súmula nº 138 pelo Superior Tribunal de Justiça, com uma redação bastante objetiva: *"O ISS incide na operação de arrendamento mercantil de coisas móveis"*. Interessante notar que foram citados os seguintes precedentes desta Súmula, o primeiro deles do início de 1991: REsp nº 5.438 (julgado em 4.2.1991), REsp nº 14.716 (j. em 13.11.1991), EREsp nº 836 (j. em 7.12.1993) e EREsp nº 341 (j. em 8.11.1994).

Diante de um precedente judicial tão significativo, e que envolve cifras milionárias, vários Municípios passaram a investir nessa fiscalização, contando, inclusive, com assessoria de escritórios particulares.

No entanto, as instituições financeiras não baixaram a guarda mesmo com a edição da súmula por parte do STJ, até porque outros temas polêmicos ainda persistiam em torno dessa tributação, tais como: constitucionalidade da cobrança (o *leasing* é locação de bens móveis? O *leasing* é um serviço? E no *leasing*-importação, incide o ISS e/ou o ICMS?); local de ocorrência do fato gerador (sede da arrendadora ou local onde os bens foram disponibilizados?); base de cálculo (o valor residual de garantia – VRG – entra na composição da base de cálculo?); responsabilidade solidária do banco que participou da operação de arrendamento mercantil (ele pode ser

---

[2] Segue a ementa desse RE: "Tributação de ISS em operação de 'leasing'. Renovação do julgamento após suscitada a questão da inconstitucionalidade do item 52 da lista de serviços constante do Decreto-Lei nº 406, na redação do Decreto-Lei nº 834/1969. Parecer da Procuradoria-Geral da Republica sobre o assunto. Instalação do STJ. Competência desse Tribunal para apreciar o recurso especial, em que se converteu o recurso extraordinário restrito a matéria infraconstitucional. Remessa dos autos ao STJ".

incluído como responsável solidário?); arbitramento (como realizar o arbitramento?).

Por outro lado, na década de 1990, ainda surgiu (mais) uma relevantíssima discussão judicial sobre o contrato de *leasing*, a respeito da sua descaracterização em caso de pagamento antecipado do valor residual de garantia – VRG –, ou seja, diante da existência dos pagamentos antecipados, esse contrato passaria a ter natureza de compra e venda a prazo. Aliás, vale dizer que praticamente todos os contratos de arrendamento mercantil possuem essa cláusula.

Para aumentar ainda mais a insegurança jurídica dessa tributação municipal, em 8.5.2002, a 2ª Seção do Superior Tribunal de Justiça editou a Súmula nº 263: "a cobrança antecipada do valor residual (VRG) descaracteriza o contrato de arrendamento mercantil, transformando-o em compra e venda a prestação".

Ora, essa orientação do STJ praticamente acabava com o contrato de arrendamento mercantil, afastando (ou reduzindo a "quase nada") a incidência do imposto municipal. Tal postura também trazia sérios (e inesperados) prejuízos para os arrendatários optantes pelo regime tributário federal do lucro real, na medida em que perderiam o direito de deduzir as contraprestações pagas ou creditadas por força do contrato de arrendamento mercantil; logo, a glosa dessas deduções geraria imposto de renda (15% mais 10% de adicional) e contribuição social sobre o lucro (9%) em cima desses valores.[3] Enfim, o maior beneficiado (talvez, o único) seria o Fisco Federal.[4]

Porém, na sessão de 27.8.2003, a 2ª Seção do STJ voltou atrás, e cancelou a Súmula nº 263 (REsp nº 443.143 e nº 470.632). Um ano depois, em 5.5.2004, era editada a Súmula nº 293 com redação oposta à de nº 263: "a antecipação do valor residual garantido não desnatura o contrato de *leasing*".

Por conseguinte, o interesse municipal retornava quanto à tributação do ISS sobre o *leasing*. Mas, ainda era necessário um aval do Supremo Tribunal Federal quanto à *constitucionalidade* da cobrança.

---

[3] A propósito, a 1ª Seção do STJ (de Direito Público não penal) estava julgando de forma diferente da 2ª Seção (Direito Privado), mantendo a dedutibilidade dessas operações de arrendamento mercantil na apuração do lucro real das arrendatária, mesmo quando houvesse o pagamento antecipado (VRG), como se depreende do REsp nº 174.031 e nº 184.932. Diante dessa divergência entre Seções diferentes do STJ, o Órgão Especial foi instado a se pronunciar, prevalecendo o entendimento contrário à Súmula nº 263, posteriormente revogada e substituída pela Súmula nº 293, admitindo o VRG no contrato de arrendamento mercantil.

[4] Neste sentido, o art. 11 da Lei nº 6.099/1974.

Aliás, o próprio Superior Tribunal de Justiça procurava "alertar" os Municípios quanto à limitação da sua Súmula n° 138, no sentido de que não tornava a cobrança inquestionável, pois ainda restava a complexa questão envolvendo a constitucionalidade dessa cobrança. Apenas a título de exemplo, transcreve-se abaixo a ementa do REsp n° 797.948, relator para acórdão Ministro Luiz Fux, julgado pela 1ª Turma em 7.12.2006 (DJ de 1°.3.2007):

> TRIBUTÁRIO – *ISS* – ARRENDAMENTO MERCANTIL – OBRIGAÇÃO DE FAZER – CONCEITO PRESSUPOSTO PELA CONSTITUIÇÃO FEDERAL DE 1988 – AMPLIAÇÃO DO CONCEITO QUE EXTRAVASA O ÂMBITO DA VIOLAÇÃO DA LEGISLAÇÃO INFRACONSTITUCIONAL PARA INFIRMAR A PRÓPRIA COMPETÊNCIA TRIBUTÁRIA *CONSTITUCIONAL* – ACÓRDÃO CALCADO EM FUNDAMENTO SUBSTANCIALMENTE CONSTITUCIONAL – INCOMPETÊNCIA DO SUPERIOR TRIBUNAL DE JUSTIÇA – TEMA DIVERSO DO ENSEJADOR DA SÚMULA 138, DO STJ.
>
> 1. O *ISS* na sua configuração *constitucional* incide sobre uma prestação de serviço, cujo conceito pressuposto pela Carta Magna eclipsa ad substantia obligatio in faciendo, inconfundível com a denominada obrigação de dar.
>
> 2. Outrossim, a Constituição utiliza os conceitos de direito no seu sentido próprio, com que implícita a norma do art. 110, do CTN, que interdita a alteração da categorização dos institutos.
>
> 3. Consectariamente, qualificar como serviço a atividade que não ostenta essa categoria jurídica implica em violação bifronte ao preceito *constitucional,* porquanto o texto maior a utiliza não só no sentido próprio, como também o faz para o fim de repartição tributário-*constitucional* (RE 116121/SP).
>
> 4. Sob esse enfoque, é impositiva a regra do art. 156, III, da Constituição Federal de 1988, verbis: "Art. 156. Compete aos Municípios instituir impostos sobre: I – propriedade predial e territorial urbana; II – transmissão "inter vivos", a qualquer título, por ato oneroso, de bens imóveis, por natureza ou acessão física, e de direitos reais sobre imóveis, exceto os de garantia, bem como cessão de direitos a sua aquisição; III – serviços de qualquer natureza, não compreendidos no art. 155, II, definidos em lei complementar. (Redação dada pela Emenda *Constitucional* nº 3, de 1993) (...)".
>
> 5. A dicção *constitucional,* como evidente, não autoriza que a lei complementar inclua no seu bojo atividade que não represente serviço e, a fortiori, obrigação de fazer, porque a isso corresponderia franquear a modificação de competência tributária por lei complementar, com violação do pacto federativo, inalterável sequer pelo poder constituinte, posto blindado por cláusula pétrea.
>
> 6. O conceito pressuposto pela Constituição Federal de serviço e de obrigação de fazer corresponde aquele emprestado pela teoria geral do direito, segundo o qual o objeto da prestação é uma conduta do obrigado, que em nada se assemelha ao dare, cujo antecedente necessário é o repasse a outrem de um bem preexistente, a qualquer título, consoante a homogeneidade da doutrina nacional e alienígena, quer de Direito Privado, quer de Direito Público.

7. Envolvendo a atividade, bens e serviços, a realidade econômica que interessa ao Direito Tributário impõe aferir o desígnio final pretendido pelo sujeito passivo tributário, distinguindo-se a atividade meio, da atividade fim, esta última o substrato da hipótese de incidência.

8. "A adulteração dos conceitos incorporados pelo Constituinte na criação da regra-matriz de incidência de cada exação fiscal é *matéria constitucional,* visto que viola as regras de repartição *constitucional* da competência tributária e, por consequência, atenta contra a organização federativa do Estado, que pressupõe a autonomia legislativa dos entes federados" (Parecer da lavra de Luiz Rodrigues Wambier, datado de 20.7.2006).

9. As proposições acima conduzem à inequívoca inconstitucionalidade do item 79 e do subitem 15.09, da relação anexa ao Decreto-Lei nº 406/1968, com a redação dada, respectivamente, pelas Leis Complementares nºs 56/1987 e 116/2003, que preveem a incidência do *ISS* sobre o arrendamento mercantil, por isso que se conjura a incompetência imediata do STJ para a análise de recurso que contenha essa antinomia como essência em face da repartição *constitucional* que fixa os lindes entre esta E. Corte e a Corte Suprema.

10. Acórdão cuja conclusão alicerça-se em fundamento *constitucional,* qual seja, a violação do art. 156, III, da Constituição Federal de 1988, e a inconstitucionalidade das listas constantes do Decreto-Lei nº 406/1968 e da Lei Complementar nº 116/2003, revela-se de integral competência do STF, máxime quando se sustenta um fundamento autônomo a exigir, na forma do verbete sumular, a interposição simultânea de ambos os apelos extremos (Precedentes da Primeira Turma: AgRg no REsp 684021/RS, desta relatoria, DJ de 22.8.2005; AgRg no REsp 697335/RS, desta relatoria, DJ de 29.8.2005; REsp 631547/MG, Relator Ministro José Delgado, DJ de 5.8.2004; e AgRg no AgRg no Ag 659539/MG, desta relatoria, DJ de 20.2.2006. Decisões monocráticas: REsp 628211/BA, Relator Ministro Teori Albino Zavascki, DJ de 15.12.2004, e no REsp 822631/RS, Relator Ministro José Delgado, DJ de 31.3.2006).

11. Deveras, a conceituação de serviços encarta-se na mesma competência que restou exercida pela Corte Suprema na análise prejudicial dos conceitos de faturamento e administradores e autônomos para os fins de aferir hipóteses de incidência, mercê de a discussão travar-se em torno da legislação infraconstitucional que contemplava essas categorizações, reproduzindo as que constavam do texto maior.

12. Aliás, não é por outra razão que o CPC dispõe no art. 543 que: "Art. 543. Admitidos ambos os recursos, os autos serão remetidos ao Superior Tribunal de Justiça. (...) § 2º. Na hipótese de o relator do recurso especial considerar que o recurso extraordinário é prejudicial àquele, em decisão irrecorrível sobrestará o seu julgamento e remeterá os autos ao Supremo Tribunal Federal, para o julgamento do recurso extraordinário. (...)".

13. A Súmula 138, do E. STJ, não se aplica *in casu,* por isso que, analisando sua ratio essendi e os arestos que lhe serviram de gênese, inafastável concluir que a mesma foi editada para o fim de defender-se a aplicação do Decreto-Lei nº 406/1968, após a edição da Lei Complementar nº 56/1987, porquanto, anteriormente, a tributação municipal do *leasing* era engendrada via aplicação analógica do primeiro diploma legal. Nada obstante, em nenhuma passagem dos arestos geradores da súmula restou posta a questão constitucional ora enfrentada.

14. Sobressai, desta sorte, imprescindível a manifestação da Corte Suprema sobre o thema iudicandum, suscitado de forma explícita ou implícita em todas as causas que versam sobre a competência tributária municipal, essência manifesta das decisões que tem acudido ao E. STJ.

15. *In casu*, o aresto objurgado decidiu que "o arrendamento mercantil financeiro, com os seus componentes de compra e venda, locação e financiamento, não envolve nenhuma prestação de serviço e, como tal, não se sujeita à incidência do Imposto Sobre Serviços", a partir do voto condutor do relator do feito na origem, que asseverou, in verbis: "...data venia dos entendimentos em contrário, tenho a firme convicção de que os fundamentos acolhidos pelo Pleno do Excelso Pretório se aplicam como luva ao caso em estudo. O *leasing* financeiro não alberga 'prestação de serviços'. Não será por disposição legal que sua natureza poderá sofrer alteração. A lei não tem o condão de modificar a essência das coisas ou dos fatos. Definir como prestação de serviço aquilo que essencialmente não o é, se traduz numa forma escamoteada de burlar a limitação *constitucional* de incidência tributária." (Embargos Infringentes n.º 2004.002916-0, Grupo de Câmaras de Direito Público, Tribunal de Justiça do Estado de Santa Catarina, Relator Desembargador Newton Janke, julgado em 8.9.2004).

16. As conclusões e premissas de índole notadamente *constitucional*, sem as quais não sobreviveria o aresto recorrido impõem timbrar seu fundamento *constitucional* para, na forma da jurisprudência cediça na Corte, não conhecer do especial (Precedentes: AgRg no Ag 757416/SC, Relator Ministro José Delgado, Primeira Turma, DJ de 3.8.2006; AgRg no Ag 748334/SP, Relatora Ministra Denise Arruda, Primeira Turma, DJ de 30.6.2006; REsp 754545/RS Ministro Franciulli Netto, Segunda Turma, SEGUNDA TURMA DJ 13.03.2006; AgRg no REsp 778173/MG, Relator Ministro José Delgado, Primeira Turma, DJ de 6.2.2006; AgRg no REsp 658392/DF, Relator Ministro Francisco Falcão, Primeira Turma, DJ de 21.3.2005).

17. Recurso especial não conhecido, divergindo-se do voto do relator.[5]

Porém, no final de 2009 (02/12), o Plenário do Supremo Tribunal Federal julgou o assunto nos RE nº 547.245 e nº 592.905, em prol da constitucionalidade da cobrança do ISS sobre o arrendamento mercantil (financeiro e *lease-back*), reconhecendo a natureza de serviço (ou *"financiamento-serviço"*) nesta operação.

No intervalo dessas causas judiciais, duas importantes leis complementares que versam sobre a tributação do *leasing* foram aprovadas pelo Congresso Nacional.

Na Lei Complementar nº 87, de 13.9.1996, que traz normas gerais (nacionais) sobre o ICMS, o seu art. 3º, inciso VIII, prevê:

Art. 3º. O imposto [ICMS] não incide sobre: (...)

VIII – operações de arrendamento mercantil, não compreendida a venda do bem arrendado ao arrendatário.

---

[5] Essa advertência por parte do STJ foi comentada por Kiyoshi Harada, em seu livro *ISS – Doutrina e Prática*. São Paulo: Atlas, 2008, p. 165-166, citando o acórdão do AgRg no AI nº 756.212, relator Ministro José Delgado.

Enfim, esse dispositivo pode gerar a interpretação de que a opção de compra do bem arrendado está, sim, sujeita ao ICMS, afinal de contas essa "parte" (ou etapa, ou valor) da operação do arrendamento mercantil está "excluída da não incidência" do ICMS.

Posteriormente, a Lei Complementar nº 116, de 31.7.2003 (Lei *Nacional* do ISS), previu, no subitem 15.09 da sua Lista de Serviços, a incidência do ISS sobre o *leasing*, sem qualquer ressalva ou divisão de base de cálculo com o imposto estadual:[6]

> 15.09. Arrendamento mercantil de quaisquer bens, inclusive cessão de direitos e obrigações, substituição de garantia, alteração, cancelamento e registro de contrato, e demais serviços relacionados ao arrendamento mercantil (*leasing*).

Note-se que a atual norma geral do ISS esticou a abrangência do imposto sobre o *leasing*: de 1º.1.1987 até 31.7.2003 (LC nº 56/1987) só os bens *móveis* arrendados sofriam a tributação municipal; com a LC nº 116/2003, os *leasings imobiliários* também foram contemplados em prol dos Municípios.

Enfim, no campo do ISS, há dois períodos que precisam ser separados em razão da diferença de diploma normativo embasador da cobrança: até 31.7.2003, aplica-se o Decreto-Lei nº 406/1968; após esse marco histórico, entra em cena a Lei Complementar nº 116/2003.

Essa separação ganha importância no momento de se consultar a jurisprudência do STJ, especialmente no tocante ao local de ocorrência do fato gerador do ISS, na medida em que a LC nº 116/2003 trouxe modificações substanciais nesse aspecto do fato gerador do ISS, albergadas nas novas decisões do STJ.

Incrivelmente, em cima do arrendamento mercantil ainda surge mais uma discussão polêmica envolvendo a tributação sobre as *importações* de bens arrendados, ou seja, o denominado *leasing*-importação. Essas operações estão sujeitas ao ICMS e/ou ao ISS? Ou nenhum desses dois impostos? Para *apimentar* ainda mais a insegurança (complexidade) jurídica acerca disso tudo, no RE nº 206.069, relatora Ministra Ellen Gracie, j. em 1º.9.2005, DJU de 1º.9.2006, o Pleno do STF entendeu que incide ICMS sobre a entrada de mercadoria importada do exterior mesmo na operação de *leasing*! Ficou

---

[6] Vale lembrar que o art. 1º, § 2º, da LC nº 116/2003 determina que os serviços previstos na lista somente estão sujeitos ao ISS (e, consequentemente, com sua base completa, sem dedução), salvo se houver ressalva expressa em sentido contrário, quanto à incidência exclusiva ou paralela do ICMS, tal como ocorre, por exemplo, nos subitens 7.02, 7.05, 9.01, 14.01, 17.11. Essa ressalva, portanto, não existe no subitem 15.09 que legitima a cobrança do ISS sobre o arrendamento mercantil.

decidido, nesta ocasião, que "o disposto no art. 3º, inciso VIII, da Lei Complementar nº 87/1996 aplica-se exclusivamente às operações internas de *leasing*". Por outro lado, no RE nº 461.968, relator Ministro Eros Grau, j. em 30.5.2007, DJ de 24.8.2007, o Pleno do STF afastou a incidência do ICMS na importação feita via *leasing* de aeronaves e/ou peças ou equipamentos de aeronaves.[7]

Diante desses casos sobre a tributação do *leasing*-importação pelo ICMS, e a recente decisão do STF declarando que a operação de arrendamento mercantil é serviço, uma nova celeuma se instaura em torno do assunto: qual orientação vai prevalecer? O *leasing*-importação é serviço sujeito ao ISS ou é uma circulação de mercadoria submetida ao ICMS? Ou as duas coisas? Será que, numa solução *salomônica*, nestas operações, o ISS incidirá sobre as contraprestações do arrendamento, deixando o valor residual para o ICMS? Outra possibilidade: o ISS ficaria com o *leasing* financeiro e *lease-back*, submetendo o *leasing* operacional ao ICMS (quando houve a opção de compra ou, talvez, na mera entrada no País!). Para aumentar esse problema, também cabe perquirir se o ISS pode incidir sobre um serviço prestado no exterior, se é que o *leasing*-importação é um serviço prestado no exterior?!

Malgrado todos esses fatos, por meio da Medida Provisória nº 449, de 3.12.2008 (arts. 40 a 42), pretendeu-se impor o IOF sobre a operação de *leasing*. Ocorre que essa MP acabou não se convertendo em lei (*in casu*, Lei nº 11.941/2009), relativamente a esses artigos envolvendo o IOF.[8]

Com a pacificação em torno da constitucionalidade da incidência do ISS sobre o *leasing*, os Municípios ainda precisavam superar outro obstáculo difícil: qual o Município competente ou, dito de outra forma, onde ocorre o fato gerador do imposto?

Para esta questão em torno do aspecto espacial da hipótese de incidência do ISS, coube ao Superior Tribunal de Justiça dar a última palavra, na medida em que se tema não tem alcance constitucional, conforme o próprio o STF assim admite. Então, por meio do RESP nº 1.060.210, a 1ª Seção do STJ definiu que o ISS sobre o *leasing*

---

[7] Este entendimento contrário à incidência do ICMS sobre o *leasing-importação* de aeronaves também foi acompanhado pela 1ª Seção do STJ no REsp nº 1.131.718, relator Ministro Luiz Fux, inclusive na sistemática dos recursos repetitivos (art. 543-C, CPC).

[8] O Ministro Joaquim Barbosa, no final de seu voto proferido no RE nº 547.245, chegou a *comentar* sobre essa medida provisória, sem tecer qualquer julgamento em torno de sua validade.

é devido na sede da arrendadora, onde há o poder de decisão na liberação do "financiamento-serviço".

Com esta decisão, o STJ manteve a concentração da cobrança do ISS em cima de pouquíssimos Municípios.

Somente em 2016, com o advento da Lei Complementar nº 157, o tema voltou à tona, pois o Congresso Nacional aprovou a mudança do local de ocorrência do ISS sobre o *leasing*, pulverizando a sua cobrança para os Municípios de destino, ou seja, onde estiverem domiciliados os *tomadores* do serviço (arrendatários).

Todavia, o Presidente vetou essa mudança, por falta de interesse público. Os Municípios, então, pressionaram suas lideranças políticas para derrubar o veto e obtiveram êxito, sacramentando, enfim, o tão sonhado deslocamento da competência do ISS sobre o *leasing* para os Municípios onde estiverem domiciliados os tomadores de serviços.

Por isso, essa tributação voltou a ganhar toda uma relevância e um interesse enorme por parte dos Municípios!

Em resumo, essa excursão histórica demonstra a inusitada e absurda complexidade havida em torno dessa tributação municipal sobre o arrendamento mercantil, mas que ainda não foi definitivamente esgotada, diante de alguns pontos que certamente merecerão abordagem cuidadosa neste trabalho e na jurisprudência, a saber:

- Local de ocorrência do fato gerador do ISS sobre o *leasing*;
- Base de cálculo: o VRG podem entrar na composição dessa base?
- *Leasing*-importação: incide o ISS? Em caso afirmativo, qual a sua base imponível?
- Arbitramento: é possível? Como proceder?
- Responsabilidade da agência bancária ou do agente revendedor: é cabível a imputação de responsabilidade solidária?
- Obrigações acessórias: quais poderão ser criadas no interesse da fiscalização municipal?
- Fiscalização: quais os procedimentos a serem adotados?

Até uma uniformização jurisprudencial em torno desses assuntos desafiadores, as instituições financeiras certamente se negarão a declarar, parcelar e/ou pagar o ISS, ensejando medidas administrativas, legislativas e judiciais por parte dos Municípios, que pretendemos analisar neste livro.

1.2. Contrato de Arrendamento Mercantil

1.2.1. O tratamento do leasing *na Lei nº 6.099/1974*[9]

O contrato de arrendamento mercantil, mais conhecido pela sua terminologia *leasing*, recebeu um tratamento legal apenas para fins *tributários* (mais especificamente, da alçada federal – IRPJ, CSLL, II e IPI), por meio da Lei nº 6.099/1974. Essa lei, vale frisar, *dispõe sobre o tratamento tributário das operações de arrendamento mercantil e dá outras providências*. Em seu art. 1º, esse objeto exclusivamente *tributário* é reproduzido:

> Art. 1º. O tratamento tributário das operações de arrendamento mercantil reger-se-á pelas disposições desta Lei.

Neste diapasão, o parágrafo único dá a seguinte definição para o arrendamento mercantil, para *fins de tributação federal*:

> Parágrafo único. Considera-se arrendamento mercantil, para os efeitos desta Lei, o negócio jurídico realizado entre pessoa jurídica, na qualidade de arrendadora, e pessoa física ou jurídica, na qualidade de arrendatária, e que tenha por objeto o arrendamento de bens adquiridos pela arrendadora, segundo especificações da arrendatária e para uso próprio desta.

O art. 5º dessa lei também traz as disposições que deverão conter no contrato de arrendamento mercantil, a fim de receber o tratamento tributário federal ali consignado:

> Art. 5º. Os contratos de arrendamento mercantil conterão as seguintes disposições:
> a) prazo do contrato;
> b) valor de cada contraprestação por períodos determinados, não superiores a um semestre.
> c) opção de compra ou renovação de contrato, como faculdade do arrendatário;
> d) preço para opção de compra ou critério para sua fixação, quando for estipulada esta cláusula.

Conforme o § 2º do art. 2º, "somente farão jus ao tratamento previsto nesta lei as operações realizadas ou por empresas arrendadoras que fizerem dessa operação o objeto principal de sua atividade ou que centralizem tais operações em um departamento especializado com escrituração própria".

Ainda que rotulado pelas partes com o nome de "arrendamento mercantil", o contrato será considerado como operação de com-

---

[9] Essa lei foi reproduzida em sua íntegra no anexo deste livro.

pra e venda a prazo, quando a aquisição do bem arrendado pelo arrendatário (locatário) for feito em desacordo com a referida Lei n° 6.099/1974. Assim aduz o seu art. 11, § 1°:

> § 1º. A aquisição pelo arrendatário de bens arrendados em desacordo com as disposições desta Lei, será considerada operação de compra e venda a prestação.

O art. 2° da Lei n° 6.099/1974 traz expressamente uma espécie de arrendamento que não receberá o tratamento tributário (federal) da lei:

> Art. 2º. Não terá tratamento previsto nesta Lei o arrendamento de bens contratado entre pessoas jurídicas direta e indiretamente coligadas ou interdependentes, assim como o contratado com o próprio fabricante.

A Lei n° 6.099/1974 atribuiu diversas competências para o Conselho Monetário Nacional (CMN) regular essas operações de arrendamento mercantil, senão, vejamos:[10]

> Art. 2º. (...)
> § 1º. O Conselho Monetário Nacional especificará em regulamento os casos de coligação e interdependência.
> Art. 5º. (...)
> Parágrafo único. Poderá o Conselho Monetário Nacional, nas operações que venha a definir, estabelecer que as contraprestações sejam estipuladas por períodos superiores aos previstos na alínea b deste artigo.[11]
> Art. 6º. O Conselho Monetário Nacional poderá estabelecer índices máximos para a soma das contraprestações, acrescida do preço para exercício da opção da compra nas operações de arrendamento mercantil.
> Art. 7º. Todas as operações de arrendamento mercantil subordinam-se ao controle e fiscalização do Banco Central do Brasil, segundo normas estabelecidas pelo Conselho Monetário Nacional, a elas se aplicando, no que couber, as disposições da Lei nº 4.595, de 31 de dezembro de 1964, e legislação posterior relativa ao Sistema Financeiro Nacional.[12]
> Art. 8º. O Conselho Monetário Nacional poderá baixar resolução disciplinando as condições segundo as quais as instituições financeiras poderão financiar suas coligadas ou interdependentes, que se especializarem em operações de arrendamento mercantil.
> Art. 9º. As operações de arrendamento mercantil contratadas com o próprio vendedor do bem ou com pessoas jurídicas a ele vinculadas, mediante qualquer das relações previstas no art. 2º desta Lei, poderão ser realizadas por instituições finan-

---

[10] Pedimos vênia para transcrever os artigos que citam as atribuições do CMN, para demonstrar o relevante papel *normativo* exercido por esse órgão com relação ao *leasing*.

[11] Ou seja, que o vencimento de cada contraprestação do arrendamento (não o VRG) seja fixado em prazo superior a um semestre.

[12] Com certeza, esse dispositivo deixa bem claro o papel normativo do CMN nesse contrato, ficando o BACEN com a atribuição fiscalizatória.

ceiras expressamente autorizadas pelo Conselho Monetário Nacional, que estabelecerá as condições para a realização das operações previstas neste artigo.

Art. 10. Somente poderão ser objeto de arrendamento mercantil os bens de produção estrangeira que forem enumerados pelo Conselho Monetário Nacional, que poderá, também, estabelecer condições para seu arrendamento a empresas cujo controle acionário pertencer a pessoas residentes no Exterior.[13]

Art. 16. Os contratos de arrendamento mercantil celebrados com entidades domiciliadas no Exterior serão submetidas a registro no Banco Central do Brasil.

§ 1º. O Conselho Monetário Nacional estabelecerá as normas para a concessão do registro a que se refere este artigo, observando as seguintes condições:

a) razoabilidade da contraprestação e de sua composição;[14]

b) critérios para fixação do prazo de vida útil do bem;

c) compatibilidade do prazo de arrendamento do bem com a sua vida útil;

d) relação entre o preço internacional do bem e o custo total do arrendamento;

e) cláusula de opção de compra ou renovação do contrato;

f) outras cautelas ditadas pela política econômico-financeira nacional (...).[15]

Art. 23. Fica o Conselho Monetário Nacional autorizado a:

a) expedir normas que visem a estabelecer mecanismos reguladores das atividades previstas nesta Lei, inclusive excluir modalidades de operações do tratamento nela previsto e limitar ou proibir sua prática por determinadas categorias de pessoas físicas ou jurídicas;

b) enumerar restritivamente os bens que não poderão ser objeto de arrendamento mercantil, tendo em vista a política econômico-financeira do País.

Art. 24. A cessão do contrato de arrendamento mercantil a entidade domiciliada no Exterior reger-se-á pelo disposto nesta Lei e dependerá de prévia autorização do Banco Central do Brasil, conforme normas expedidas pelo Conselho Monetário Nacional.

Destarte, o CMN e o BACEN têm diversas atribuições em torno do arrendamento mercantil, destacando-se, para a tributação municipal, as de caráter normativo e controlador (exercidas pelo CMN), e o fiscalizatório (pelo BACEN).

Quanto à *Comissão de Valores Mobiliários,* através da Deliberação CVM nº 554, de 12.11.2008, foi publicado o Pronunciamento

---

[13] Aqui está uma disposição legal referente ao chamado *leasing*-importação, assim como o art. 16, a seguir transcrito.

[14] Essa regulamentação por parte do CMN pode ser de grande valia no arbitramento desses valores para fins de ISS.

[15] Essa alínea "f" reforça o papel da operação de arrendamento mercantil como um instrumento de política econômico-financeira nacional, daí esse tratamento por parte do CMN. Aliás, esse colorido especial do *leasing* também dava margem para atrair a incidência do IOF, e não do ISS, em face do nítido caráter extrafiscal daquele imposto federal, conforme se depreende do art. 153, § 1º, da Constituição Federal.

Técnico CPC n° 06, relativamente à contabilização das operações de arrendamento mercantil. Essa norma, de aplicação marcantemente *contábil*, vem sendo objeto de discussões quanto à sua validade, diante de algumas incompatibilidades com a Lei n° 6.099/1974 e a Resolução CMN n° 2.309/1996.

1.2.2. O tratamento do leasing *na Resolução CMN n° 2.309/1996*

É a Lei n° 4.595/1964 que dispõe sobre a organização do sistema financeiro nacional, destacando-se o Conselho Monetário Nacional (CMN) como seu órgão deliberativo de cúpula, a quem cabe *"formular a política da moeda e do* crédito" (art. 2°).[16]

Trata-se de órgão integrado pelos ministros de Estado da Fazenda (presidente), do Planejamento e Orçamento e presidente do Banco Central do Brasil (BACEN). Possui duas comissões: Comissão Técnica da Moeda e do Crédito (COMOC) e Comissões Consultivas (em número de sete).[17]

A primeira resolução do CMN sobre o assunto foi a de n° 351, de 17.11.1975, revogada pela Resolução n° 980, de 28.11.1984.

Atualmente, a operação de arrendamento mercantil está disciplinada na Resolução CMN n° 2.309, de 28.8.1996,[18] que revogou a Resolução n° 980/1984. A Resolução n° 2.465, de 19.2.1998, trouxe algumas alterações na Resolução n° 2.309/1996.

Através da Resolução n° 2.523, de 30.7.1998, o CMN tratou do *leasing*-exportação.[19]

Portanto, a principal norma em vigor da CMN que versa sobre o arrendamento mercantil é a Resolução n° 2.309/1996 (Regulamento do *Leasing*), merecendo, pois, uma atenção especial neste trabalho.

Logo no art. 1°, a Resolução CMN n° 2.309/1996 determina que as operações de *leasing:*

---

[16] O art. 3° da Lei n° 4.595/1964 complementa essa ideia prevendo que tal política financeira a ser comandada pela CMN consiste, dentre outras variantes, à adaptação do volume dos meios de pagamento às reais necessidades da economia nacional e em processo de desenvolvimento e de coordenação das políticas monetária e creditícia. O arrendamento mercantil está situado nesse campo de atuação interventor do CMN.

[17] O CMN possui Regimento Interno, aprovado pelo Decreto n° 1.307/1994, alterado pelo Decreto n° 1.649/1995.

[18] Esta norma consta no anexo desta obra.

[19] Que se trata de um assunto desinteressante para esse livro, já que a exportação está amparada pela imunidade do ISS, por força do art. 156, § 3°, II, da Carta Maior.

> Somente podem ser realizadas por pessoas jurídicas que tenham como objeto principal de sua atividade a prática de operações de arrendamento mercantil, pelos bancos múltiplos com carteira de arrendamento mercantil e pelas instituições financeiras que, nos termos do art. 13 deste Regulamento, estejam autorizadas a contratar operações de arrendamento mercantil com o próprio vendedor do bem ou com pessoas jurídicas a ele coligadas ou interdependentes.

A operação de arrendamento mercantil, então, pode ser desenvolvida por uma instituição financeira exclusivamente constituída para tal fim (*sociedades de arrendamento mercantil*)[20] ou por um *banco múltiplo*, isto é, instituição financeira com duas ou mais carteiras (operações bancárias), sendo que uma delas deve ser comercial ou investimento. Nelson Abrão, em sua clássica obra *Direito Bancário*, 5ª ed., atualizada por Carlos Henrique Abrão, São Paulo: Saraiva, 1999, p. 21, ensina sobre os bancos comerciais e de investimento:

> Bancos comerciais ou de depósitos. São os mais comuns e encontradiços. (...) Portanto, realizam operações de crédito a curto prazo, como atividade precípua, tais como: descontos, antecipações, aberturas de crédito, além dos serviços auxiliares de cobranças, transferência de fundos, custódia de títulos e valores, locação de cofres de segurança, câmbio manual e trajectício.

> Bancos de investimento. Empresas bancárias especializadas em financiamentos a médio e longo prazo, empregando capitais próprios ou de terceiros, ou, na conceituação oficial, "são instituições financeiras privadas, especializadas em operações de participação ou de financiamento, a prazos médio e longo, para suprimento de capital fixo ou de movimento, mediante aplicação de recursos próprios e coleta, intermediação e aplicação de recursos de terceiros (item II da Resolução nº 18, de 12.2.1966, do Banco Central, na forma de deliberação do Conselho Monetário Nacional).

No *site* do Banco Central, órgão controlador e fiscalizador do *leasing*, é possível encontrar a relação de todas as instituições que trabalham com o arrendamento mercantil. Segue *link* direto para a obtenção dessa informação de grande valia para a Administração Tributária municipal: <http://www.bcb.gov.br/?RELINST>.

Os arts. 3º e 4º do Regulamento tratam da constituição e do funcionamento das sociedades de arrendamento mercantil, valendo destacar: a) que elas dependem da autorização do Banco Central do

---

[20] As sociedades de arrendamento mercantil são constituídas sob a forma de sociedade anônima, devendo constar obrigatoriamente na sua denominação social a expressão "Arrendamento Mercantil". As operações passivas dessas sociedades são emissões de debêntures, dívida externa, empréstimos e financiamentos de instituições financeiras. Suas operações ativas são constituídas por títulos da dívida pública, cessão de direitos creditórios e, principalmente, por operações de arrendamento mercantil de bens móveis, de produção nacional ou estrangeira, e bens imóveis adquiridos pela entidade arrendadora para fins de uso próprio do arrendatário. São supervisionadas pelo Banco Central do Brasil (Resolução CMN nº 2.309, de 1996). Disponível em: <http://www.bcb.gov.br/pre/composicao/sam.asp>.

Brasil; b) devem ser constituídas sob a forma de sociedade anônima (S/A), estando, pois, submetidas às normas da Lei nº 6.044/1976;[21] c) são instituições financeiras sujeitas à Lei nº 4.595/1964 e demais normas do sistema financeiro nacional; d) em sua denominação deve constar a expressão "arrendamento mercantil" (aliás, somente essas instituições poderão ter essa identificação nominal).

Nos arts. 5º e 6º, o Regulamento traz duas modalidades de arrendamento mercantil: financeiro e operacional; a terceira modalidade – *lease-back* – está no art. 13, e todos eles serão tratados mais adiante neste livro. O art. 8º também trata de assunto afeto à diferença entre o *leasing* financeiro e operacional.

Os arts. 7º a 10 mexem com as cláusulas do contrato. Obviamente, a melhor maneira de se fiscalizar e tributar o *leasing* seria através da leitura desses instrumentos particulares. Ocorre que raramente a Administração Tributária terá acesso a esses documentos, diante da recusa por parte das instituições financeiras arrendadoras. No entanto, conforme será melhor explicado no tópico referente à fiscalização, o Fisco poderá obter esses documentos mediante intimação das arrendatárias (especialmente as pessoas jurídicas), escritórios de cobranças (que atuam como cobradores nesses contratos) e instituições financeiras que serviram como intermediárias dessas operações.

O art. 11 versa sobre os bens que poderão ser arrendados, valendo destacar desde já que os bens imóveis também podem ser objeto dessas operações:

> Art. 11. Podem ser objeto de arrendamento bens móveis, de produção nacional ou estrangeira, e bens imóveis adquiridos pela entidade arrendadora para fins de uso próprio da arrendatária, segundo as especificações desta.

Com relação aos bens de produção estrangeira (*leasing*-importação), conforme já adiantado anteriormente, ainda existe uma dúvida crucial quanto à incidência do ISS ou, ainda, a respeito da sua base de cálculo, eis que o Supremo Tribunal Federal já validou a cobrança do ICMS em tais operações.

O art. 12 trata dos arrendatários, permitindo que tanto pessoas jurídicas como físicas celebrem tais contratos com as instituições financeiras. Por estarem vinculados com o fato gerador do ISS, a legislação municipal poderá elegê-los como responsáveis tributários

---

[21] Por serem companhias, todas as instituições devem publicar seus balanços anualmente em jornais de grande circulação (art. 173, § 3º, c/c art. 289, ambos da Lei nº 6.404/1976), o que também pode auxiliar quando da fiscalização e arbitramento do imposto.

(substitutos tributários), sendo recomendável a utilização dessa técnica fiscal tão somente para as pessoas jurídicas. Quanto ao *leasing-importação*, o art. 3º, inciso I, da Lei Complementar nº 116/2003 estabelece que o local de ocorrência é o "do estabelecimento do tomador ou intermediário do serviço, ou, na falta de estabelecimento, onde ele estiver domiciliado", na hipótese de serviço proveniente do exterior (art. 1º, § 1º, da LC nº 116/2003).

No art. 13, há remissão ao chamado *lease-back* (*leasing* de retorno), que, segundo nosso entendimento, é um exemplo de arrendamento mercantil *financeiro*, não se constituindo como uma modalidade autônoma, ao contrário do que afirmou o STF nos SRE nºs 547.245 e 592.905.

O art. 14 dá duas opções à entidade arrendadora, nas hipóteses de devolução ou recuperação dos bens arrendados (ou seja, quando o arrendatário não optar pela aquisição do bem).

Os arts. 15 a 18 tratam do *subarrendamento*, permitido apenas quando as operações de arrendamento forem realizadas com entidades estrangeiras, que também ensejará a tributação autônoma do ISS, sem prejuízo da incidência do imposto sobre o arrendamento original (*leasing*-importação).

Os arts. 19 a 26 preveem as fontes de recursos que as instituições financeiras poderão buscar ou garantir para desenvolver essas operações financeiras ("serviços"). Pontua-se a hipótese do art. 22, referente às operações de cessão e aquisição de contratos de arrendamento,[22] que também ensejarão a incidência do ISS, uma vez que o subitem 15.09 da Lista de Serviços da LC nº 116/2003 prevê essa atividade, a não ser que as instituições discutam a validade dessa cobrança futuramente, por não se tratar de serviço.[23]

Nos demais artigos (27 a 33), há assuntos relacionados à coligação e interdependência, vedações e disposições finais. O art. 33, por sinal, ressalta a importância dessa Resolução CMN nº 2.309/1996, pois as operações realizadas em desacordo com tais disposições *"não se caracterizam como de arrendamento mercantil"*, afastando, assim, a incidência do ISS.[24]

---

[22] A Resolução CMN nº 2.561/1998 altera e consolida normas sobre cessão de créditos oriundos de operações de arrendamento mercantil.

[23] Esse tema específico não foi enfrentado nos RE nºs 547.245 e 592.905. Entendemos que não há serviço nesta operação, porque inexiste obrigação "de fazer", mas sim meras cessões de direitos creditícios. Sobre este assunto, ver subitem 5.1.2 desta obra.

[24] Diante dessa ressalva expressa do art. 33 da Resolução CMN nº 2.309/1996, fica afastada a aplicação do art. 118 do CTN (princípio do *non olet*), atraindo-se o disposto no art. 110

Dessa forma, um negócio *intitulado* de arrendamento mercantil, mas que não se amolde às normas aplicáveis, terá o tratamento de uma simples *compra e venda a prazo*, conforme também adverte o art. 11, § 1°, da Lei n° 6.099/1974 (e art. 10 da Resolução CMN n° 2.390/96).

Nesse contexto, o legislador não admite que se considerem como *leasing* determinadas modalidades negociais conhecidas como:

- *self leasing*, em que as partes são coligadas ou interdependentes;[25] e
- *renting*, sendo este quando feito diretamente com o fabricante, dispensando-se o intermediário.[26]

1.2.3. Definições do contrato e reflexos tributários

A Lei n° 6.099/1974, em seu art. 1°, parágrafo único, assim conceitua o *leasing*:[27]

Considera-se arrendamento mercantil, para os efeitos desta Lei, o negócio jurídico realizado entre pessoa jurídica, na qualidade de arrendadora, e pessoa física ou jurídica, na qualidade de arrendatária, e que tenha por objeto o arrendamento de bens adquiridos pela arrendadora, segundo especificações da arrendatária e para uso próprio desta.

Trata-se de um contrato pelo qual uma pessoa jurídica ou física, pretendendo *utilizar*[28] determinado *bem*[29] (veículo, equipamento ou imóvel), procura uma instituição financeira (pessoa jurídica: sociedade de arrendamento mercantil ou banco múltiplo) que o adquire, arrendando-o ao interessado por tempo determinado, possibili-

---

também do CTN, segundo o qual a legislação tributária deve acompanhar a definição, alcance e conteúdo dos institutos conforme a legislação (privada) de regência. Se o contrato deixa de ser arrendamento mercantil para fins comerciais, também deve ser desconsiderado como tal para fins de tributação. Outrossim, não se estará diante de uma nulidade do contrato, mas sim de uma correta *interpretação* do contrato, à luz de suas cláusulas e da tipificação legal.

[25] Vide art. 2° da Lei n° 6.099/1974 e arts. 27 e 28, I, da Resolução CMN n° 2.309/1996.

[26] Vide art. 2° da Lei n° 6.099/1974 e art. 28, III, da Resolução CMN n° 2.309/1996.

[27] No direito estrangeiro, esse contrato recebe os nomes de *hire purchase, locazione finanziaria, préstito locativo, finanziamento di locazione, crédit bail, location-financement, location de exploitation,* locação financeira (em Portugal). Há, ainda, quem "aportuguesou" o termo inglês, admitindo o nome "lisingue".

[28] Vale destacar esse verbo "usar". A própria legislação estatui que o bem arrendado é para *uso* do arrendatário, e não para a sua compra.

[29] Realmente, o objeto do contrato é o *bem* arrendado (coisa infungível, especificada pelo arrendatário no momento da celebração do contrato), e não o dinheiro (coisa infungível) empregado pela arrendadora para a aquisição desse bem.

tando-se ao arrendatário, ao final do prazo, optar[30] entre a devolução do bem, a renovação do contrato ou a aquisição do bem arrendado mediante o pagamento de um preço previamente fixado no contrato. Esse preço é chamado de valor residual, ou seja, o saldo depois da dedução das prestações até então pagas.

Essa operação guarda contornos próprios, resultante de uma fusão ou transformação de cláusulas encontradas em outros contratos tradicionais, tais como o comodato, alienação fiduciária, locação, compra e venda e financiamento.

José Francisco Miranda Leão traz preciosos ensinamentos a respeito das peculiaridades vislumbradas no contrato que ele prefere denominar de *locação financeira* ou *arrendamento financeiro*:

> O instituto recebeu entre nós um nome a meu ver inadequado: "arrendamento mercantil", uma denominação que utiliza um simples sinônimo (arrendamento) para a palavra consagrada pelo Código Comercial (locação), mantendo o qualificativo "mercantil", também adotado pelo mesmo diploma.
>
> Evidencia-se que a preocupação do legislador, a qual à época refletia uma preocupação (existente até hoje) dos operadores do sistema, foi a de atribuir ao instituto uma denominação que indicasse ser ele distinto do que até então se fazia em termos de atividade econômica baseada na locação de bens. O escopo, no entanto, a meu ver não foi alcançado, exatamente porque a alteração ocorreu no substantivo (arrendamento, ao invés de locação) e não no adjetivo (mercantil). Ora, é o uso dos adjetivos corretos que melhor contribui para destacar diferenças entre coisas semelhantes.
>
> Melhor teria sido, pois, por razões que adiante espero deixar esclarecidas, denominar o contrato de "locação financeira" (nome consagrado internacionalmente), ou, com o objetivo de acentuar mais a natureza sui speciei do negócio, chamá-lo de "arrendamento financeiro", utilizando um adjetivo capaz de, efetivamente, indicar a qualidade inerente a esse tipo de relação jurídica.
>
> A Lei 6.099/1974, supra mencionada, não chega a mostrar preocupação com a natureza jurídica do instituto, mas, principalmente, com consequências tributárias de sua utilização, para arrendador e arrendatário. Para perquirir a natureza jurídica, é necessário recorrer ao próprio sistema jurídico, razão pela qual iniciei por tentar traçar um panorama dos institutos cujas características me pareceram importantes para a análise a ser feita.
>
> Quero notar desde logo que estou absolutamente convencido de que o fator determinante da vontade do arrendatário em relação ao bem objeto do *leasing* não é regido nem pela intenção de simplesmente consumir, nem pela de, simplesmente, acumular patrimônio, mas sim, pela intenção de obter, desse bem, outros bens ou vantagens que ele pode proporcionar. Essa conclusão pode ser tirada do próprio direito positivo, pois a Lei nº 6.099/1974 diz que o negócio jurídico em questão é

---

[30] Essa opção tríplice para o arrendatário, quando do término do contrato, também serve para extremar o arrendamento mercantil de outras modalidades contratuais mais tradicionais.

aquele "realizado entre pessoa jurídica, na qualidade de arrendadora, e pessoa física ou jurídica, na qualidade de arrendatária, e que tenha por objetivo o arrendamento de bens adquiridos pela arrendadora, "segundo especificações da arrendatária e para uso próprio desta". A intenção de uso do bem, portanto, deve estar indispensavelmente presente no momento da formação da vontade que resulta em negócio de *leasing*.

Na versão inicial da Lei nº 6.099, o instituto serviria para bens que proporcionassem produção industrial ou comercial: isso ficava claro já no art. 1º, parágrafo único, da lei, que exigia que fossem pessoas jurídicas tanto o arrendador como o arrendatário. Posteriormente, a Lei nº 7.132, de 26 de outubro de 1983, modificou esse parágrafo único, passando a permitir que o arrendatário pudesse ser pessoa natural.

Mas as normas regulamentares, consubstanciadas na então vigente Resolução nº 980 do Conselho Monetário Nacional, deixavam claro que essas pessoas naturais, com acesso ao negócio jurídico chamado *leasing*, seriam as pessoas produtivas: comerciantes individuais, prestadores de serviços autônomos, profissionais liberais, que poderiam fazer contratos tendo por objeto instrumentos de sua atividade econômico-profissional.

Em 1996, a Resolução nº 2.309, do mesmo Conselho Monetário, que revogou as anteriores sobre o mesmo assunto, passou, entre outras coisas, a permitir a utilização do *leasing* mesmo quando o objeto do contrato não seja vinculado a uma atividade produtiva.

Há quem veja nessa mudança um verdadeiro "desvirtuamento" do *leasing*. Mas não é verdade: o que houve foi simplesmente uma evolução, nem bem do instituto em si, mas da política oficial de crédito, uma vez que esta é que é objeto da atuação do Conselho Monetário.

Isto porque, na realidade, o *leasing* não é exclusiva e necessariamente um instrumento jurídico para o arrendamento de bens de produção: é, sim, um dos instrumentos jurídicos aptos a proporcionar a satisfação daquela vontade de aproveitar o que o bem, objeto dele, pode proporcionar. Ele pode proporcionar: utilidade, satisfação de uma necessidade, ou mesmo um prazer. Nas suas primeiras versões, o *leasing* servia para satisfazer apenas as necessidades produtivas do arrendatário; atualmente, o Conselho Monetário Nacional (que, aliás, pode, em mudança de política de crédito, modificar isso) permite que sirva, esse instituto, também para satisfazer desejos de mera utilidade ou até de simples prazer.

Há quem considere que "no fundo" o que o arrendatário "quer" equivale a comprar o bem pagando por mês, e faz isso através do *leasing* porque lhe parecer mais vantajoso. A afirmativa, no entanto, parece-me gratuita. Na realidade, mesmo quando compra o bem no final do contrato, pagando o valor residual, o arrendatário, na enorme maioria dos casos, já está é pensando em vendê-lo, porque se interessa por um outro mais novo ou mais moderno. Está optando pela compra porque terá celebrado valor residual menor do que o de mercado, muitas vezes já caucionado no próprio contrato, e ele vai ainda lucrar alguma coisa na revenda.

Mas, de regra, não está comprando para formar patrimônio, e isso pode ser comprovado verificando-se a natureza dos bens que são, de maneira amplamente majoritária, objeto desses contratos: automóveis, computadores, equipamentos – em suma, bens que se caracterizam por proporcionar sempre uma utilidade, além de não serem bens apropriados para cumulação de patrimônio, posto que se desgastam, seu valor tendendo zero com o tempo. São os chamados bens de consumo durável: duram, mas seu destino final será ou um museu (no caso das raras peças que se tornam "de colecionadores") ou a sucata.

O móvel de sua vontade, portanto, era mesmo o uso daquele bem durante o tempo em que ele melhor se serve.

O *leasing* imobiliário – que é de utilização pouco expressiva –, poderia ser visto como uma exceção, posto que, se exercida a opção de compra ao final do prazo de arrendamento, o arrendatário estaria, sim, formando patrimônio; na realidade, porém, mesmo no *leasing* imobiliário há de estar presente o desígnio de colher utilidade do bem, durante o prazo de arrendamento. Sem a presença deste desígnio, o contrato se mostra menos adequado, por não preencher inteiramente as características para ele definidas no § 1º, do art. 1º, da Lei nº 6.099/1974.[31]

Interessante notar nessa visão acima exposta, que o arrendamento mercantil proporciona uma *utilidade* ao arrendatário, e não uma transferência de dinheiro, mera locação temporária de um bem ou circulação de mercadoria (patrimônio). O *leasing* não gera uma expectativa patrimonial para o arrendatário, mas sim uma *utilização* (fruição) do bem arrendado, proporcionada pela instituição financeira arrendadora. Com isso, o arrendamento mercantil atrai uma característica jurídica mais carregada de *serviço* do que outra atividade econômica (financiamento, simples locação ou compra e venda). Em outras palavras, a arrendadora oferece uma *utilidade*, um *serviço* para a arrendatária, possibilitando a incidência do ISS sobre essa operação.[32]

Dentre outros tributaristas, Aires Barreto entende que serviço tributável pelo ISS "é o desempenho de atividade economicamente apreciável, tendente a produzir uma utilidade para outrem, desenvolvida sob regime de direito privado, mas sem subordinação, com fito de remuneração".[33]

O coautor Francisco Ramos Mangieri, no seu livro *ISS – Teoria, Prática e Questões Polêmicas*, 3ª ed., 2003, p. 30, define "serviço como produto do trabalho humano destinado à satisfação de uma necessidade, através da circulação econômica de um bem imaterial ou incorpóreo".

---

[31] *Leasing – O Arrendamento Financeiro*. 2ª ed. São Paulo: Malheiros, 2000, p. 19-22.

[32] Conforme será melhor explicado logo adiante, o STF entendeu que o arrendamento mercantil seria um *financiamento*, ou melhor, que a *causa* ou o *núcleo* do contrato é a obtenção de um *financiamento*. Esse financiamento, por seu turno, seria um serviço.

[33] *Curso de Direito Tributário Municipal*. São Paulo: Saraiva, 2009, p.318.

Nesse mesmo diapasão, Péricles Prade conceitua "prestação de serviço como a relação jurídico-obrigacional decorrente de contrato bilateral em que uma das partes – o prestador – se compromete a proporcionar utilidade à outra – o tomador – em troca de remuneração pecuniária".[34]

Portanto, o oferecimento de uma *utilidade*, algo existente no arrendamento mercantil, desloca a natureza (ou característica) jurídica do contrato para o lado da prestação de serviço. Uma vez definida em lei complementar (*in casu*, Lei Complementar n° 116/2003), esse serviço passa a ser alvo de tributação pelo ISS.

Por outro lado, o *leasing* deve ser encarado como um contrato autônomo, particular, distinto de outros contratos com os quais guarda *certa* semelhança, ou melhor, com os quais possui cláusulas ou pontos em comum. Novamente merece transcrição o ensinamento de José Francisco Miranda Leão (*op. cit.*, p. 22-23):[35]

> Não hesito, portanto – e não apenas por questões metodológicas –, em descartar o *leasing* como "misto de locação e compra". Também não tenho receio de dizer que não concordo com a classificação que se serve da ideia de "financiamento", primeiro porque esta, como já acentuado, não é noção jurídica, mas um fenômeno da economia; depois, porque essa conceituação, por si só, não é suficiente para deixar clara a natureza jurídica do negócio.
>
> Se, ao falar de "financiamento", o intérprete estiver pensando em "mútuo", a classificação é ainda mais inadequada, porque o objeto dos contratos de mútuo é, sempre, um bem fungível, ao passo que os contratos de *leasing* têm por objeto um bem infungível.
>
> E, finalmente, descarto a ideia de que o *leasing* seja um "negócio jurídico indireto", em que as partes utilizam uma forma contratual nominada para obter resultado diverso do que dela normalmente decorreria (a aquisição de propriedade através de um contrato de locação); isso porque, a meu ver, em regra é mesmo o acesso à utilidade do bem, e não à sua propriedade, o que origina a manifestação de vontade das partes no contrato.
>
> Na realidade, o *leasing* é, para o arrendador, um contrato de fruição (que lhe proporciona frutos civis do seu patrimônio), e, para o arrendatário, é um contrato de utilização, embora compreenda uma possibilidade de aquisição da propriedade, no final, pelo valor residual.
>
> Como "encaixar" esse contrato no quadro sistemático jurídico adotado no Brasil? Bem, com certeza o contrato nominado tradicional de que ele mais se aproxima é a locação. A venda e compra não serve, porque tem natureza real, e o *leasing* não

---

[34] "Competência tributária privativa do Município para instituir o ISSQN nas operações de *leasing*: aspectos revisitados e novos", in Revista Dialética de Direito Tributário n° 96, de setembro de 2003, p.69.

[35] Em sua obra *Leasing*, 2ª ed., São Paulo: Revista dos Tribunais, 1999, p. 27-40, Rodolfo Camargo Mancuso também faz um cotejo entre o arrendamento mercantil e os contratos afins.

tem. A promessa de venda e compra também é inadequada, porque tem natureza de pré-contrato, e seu objeto é conferir ao promitente o direito a uma nova manifestação de vontade futura, o que no *leasing* também não ocorre (a opção final de compra não é objeto do contrato, e depende de uma nova manifestação de vontade, tanto do arrendador quanto do arrendatário). De mútuo, também, não cabe falar, porque o objeto do *leasing* é um bem infungível, e o mútuo aplica-se a bens fungíveis.[36]

No *leasing*, a circunstância clara de se tratar de um contrato que tem por objeto a utilização, pelo arrendatário, por certo tempo e mediante paga, de um bem do arrendador deixa absolutamente evidente que estão presentes todos os elementos que caracterizam a locação tradicionalmente definida quer no Código Comercial, quer no Código Civil.

As semelhanças, no entanto, param por aí. A verdade é que o *leasing*, servindo-se embora da estrutura da locação tradicional, ostenta características categoriais próprias, dotadas de efeitos jurídicos relevantes, que permitem dizer que se trata de uma espécie distinta e própria de relação jurídica.

O mesmo autor arremata, quanto às *características categoriais* do arrendamento mercantil:

Objetivamente, três são as características substanciais que qualificam a operação, e a distinguem claramente como espécie. Essas características estão vinculadas ao fato de se tratar aqui de uma atividade do sistema financeiro, e são, também, interdecorrentes entre si.

A primeira delas diz respeito à escolha do bem que será objeto do contrato. Como o arrendador é uma empresa do sistema financeiro, ocupa-se, como todos os operadores desse sistema, de captar e aplicar poupanças monetárias, e não – como acontece com as empresas simplesmente locadoras de bens – de fazer estoque de coisas que serão oferecidas ao mercado para alugar.

No *leasing*, é o arrendatário quem escolhe, com absoluta exclusividade, o bem que será objeto do contrato, cabendo ao arrendador adquiri-lo segundo as indicações e especificações que lhe serão feitas, que incluem o próprio fornecedor da coisa.

Dessa primeira característica objetiva decorre logicamente a segunda: uma vez que o objeto do contrato não é de escolha do arrendador, mas sim do arrendatário, as partes devem estar, desde logo, cientes de que a relação de arrendamento, via de regra, será única, e não múltipla, ou seja, ao contrário do que ocorre com as empresas simplesmente locadoras de bens, onde a multiplicidade de contratos sobre o mesmo bem é a tônica, no *leasing* a regra é que apenas uma vez seja celebrada,

---

[36] Rodolfo de Camargo Mancuso, *op.cit.*, p. 30, transcreve um quadro comparativo entre o *leasing* e alienação fiduciária elaborado por Luiz Mélega *in O Leasing e o Sistema Tributário Brasileiro*. São Paulo: Saraiva, 1975, p. 33-34: "Semelhanças: a) em ambos esses ajustes há desdobramento da posse, em direta, a favor do usuário, e indireta, a favor do proprietário; b) ambas as operações requerem, em regra, a intervenção de uma financeira; c) em se tratando de lease back, o usuário, nos dois casos, se utiliza da coisa pertencente a terceiro, a quem transferiu sua propriedade. Diferenças: a) no leasing, os pagamentos são a título de aluguel, e, na alienação fiduciária, a título de amortização; b) no leasing, ao contrário do que ocorre na alienação fiduciária, não há falar em propriedade resolúvel; c) o leasing pode ter por objeto bens móveis ou imóveis e não somente móveis, como ocorre na alienação fiduciária em garantia".

sobre cada bem, relação de arrendamento; encerrada essa relação jurídica, seguir--se-á, necessariamente, a alienação do bem por parte do arrendador, uma vez que não é do seu negócio receber de volta a coisa e oferecê-la para nova locação a terceiros.

Como corolário das características anteriores, a terceira distinção objetiva acaba por ser, na prática, a mais relevante de todas, e a que melhor distingue o *leasing* dos demais negócios jurídicos, que têm como objeto fundamental o uso de coisa alheia mediante paga: é a formação do preço através de uma equação financeira, e não através da regra de oferta e procura de bens para alugar.[37]-[38]

Numa outra visão, mas que não desqualifica o *caráter peculiar* do contrato de arrendamento mercantil, Rodolfo de Camargo Mancuso também apresenta três *elementos estruturais* desse contrato:

Pode-se, pois, dizer que há três elementos estruturais do arrendamento mercantil: basicamente, uma locação, qualificada pela possibilidade futura e eventual de compra do bem, assegurando-se a viabilidade da operação através do aporte financeiro obtido pela intermediação de empresa especializada.[39]

Já para Arnaldo Rizzardo, o *leasing* possui notadamente aspectos de locação e de financiamento, que distingue esse contrato dos demais:

Não se trata de locação pura, posto que o valor dos aluguéis não expressa unicamente o custo do empréstimo da coisa, mas compreenderá o preço de aquisição do material, com acréscimo de impostos, despesas gerais da entidade financeira e o lucro que esta deverá ter pelo investimento do capital (...).

Perante a empresa arrendadora e em vista da conceituação do instituto, encerra o mesmo um caráter predominantemente financeiro. Tanto que é comum a sua definição como operação financeira peculiar em que a sociedade de *leasing* atua com recursos financeiros próprios, não para colocar o dinheiro ou crédito nas mãos do cliente, nos moldes da financeira tradicional, mas propicia a fruição direta de bens duráveis, equipamentos de produção ou de imóvel, unidade fabril, hospitalar, etc., adquirindo-os e dando-os em locação sui generis ao interessado, sem possibilidade de desvio de recursos para outros fins por parte do locatário.[40]

---

[37] *Op. cit.*, p. 26.

[38] Como o próprio autor muito bem citou: o preço do arrendamento mercantil se baseia numa equação financeira peculiar, inerente a este contrato. Aliás, foi colocada inclusive como a característica mais relevante e marcante de todas! Obviamente, isso terá impacto tributário, mais especificamente com respeito à base de cálculo do ISS, conforme será tratado doravante. Para adiantar, defendemos que a base de cálculo do ISS sobre o *leasing* compreende tanto o valor das contraprestações (do aluguel) como o valor residual de garantia.

[39] Valem as mesmas considerações consignadas na nota anterior: o preço do contrato decorre dessa viabilidade financeira da instituição financeira arrendadora, sendo certo que o valor residual de *garantia*, como o próprio nome ressalta, é algo inerente a esse contrato (que é único).

[40] *Leasing*. 3ª ed. São Paulo: Revista dos Tribunais, 1997, p. 60-61.

O comercialista Fran Martins, tal como acatado pelo STF, enxerga o arrendamento mercantil:

> Como uma modalidade de financiamento ao arrendatário, facilitando-lhe o uso e gozo de um bem de sua necessidade sem ter esse de desembolsar inicialmente o valor desse bem, e com a opção de, findo o prazo estipulado para a vigência do contrato, tornar-se o mesmo proprietário do bem, pagando nessa ocasião um preço calcado no valor residual do mesmo.[41]

Esse mesmo jurista traz os seguintes ensinamentos relacionados à *natureza jurídica* do contrato:

> O arrendamento mercantil é de natureza complexa, compreendendo uma locação, uma promessa unilateral de venda (em virtude de dar o arrendador opção de aquisição do bem pelo arrendatário) e, às vezes, um mandato, quando é o próprio arrendatário quem trata com o vendedor na escolha do bem. Cada um desses atos e contratos dá origem a obrigações: pela locação, o arrendatário é obrigado a pagas as prestações, enquanto que o arrendante é obrigado a entregar a coisa para que o arrendatário dela use; pela promessa unilateral do arrendador, aceita pelo arrendatário, aquele se obriga irrevogavelmente a vender a coisa pelo valor residual, findo o contrato; pelo mandato, o arrendador, no caso mandante, responde pelos atos praticados pelo arrendatário, adquirindo a coisa por este escolhida pagando ao vendedor o preço convencionado.[42]

Nos dois acórdãos que serviram de *leading case* (RE n° 547.245 e n° 592.905), o Plenário do STF, por maioria de votos (voto contrário apenas do Ministro Marco Aurélio) adotou o entendimento de que o arrendamento mercantil, em suas modalidades financeira e *lease-back*, teria o aspecto jurídico de *financiamento*, ao passo que o *leasing* operacional é uma locação. Logo na ementa do acórdão essa posição veio escancarada:

> No arrendamento mercantil (*leasing* financeiro), contrato autônomo que não é misto, o núcleo é o financiamento, não uma prestação de dar. E financiamento é serviço, sobre o qual o ISS pode incidir, resultando irrelevante a existência de uma compra nas hipóteses do *leasing* financeiro e do lease-back.

Com efeito, analisando os votos proferidos pelos dez ministros do Supremo que votaram em favor da incidência do ISS sobre o contrato de arrendamento mercantil (financeiro e *lease-back*), percebe-se que ficou muito claro que o *leasing* não é uma espécie de contrato de locação (entendimento isolado do Ministro Marco Aurélio, que retrata o posicionamento majoritário até então encontrado na doutrina). O *leasing* é *um* contrato autônomo, inconfundível com outros negócios jurídicos.

---

[41] *Contratos e Obrigações Comerciais.* 14ª ed. Rio de Janeiro: Forense, 1998, p. 449.
[42] *Op. cit.*, p. 459.

Péricles Prade (op. cit., p. 71) elenca as seguintes obrigações de fazer (serviços) compreendidas nesse contrato: "atos de procura do bem encomendado pelo arrendatário no mercado, de diligência para financiá-lo, de colocação do mesmo em condições de funcionamento e à disposição do arrendatário e de administração do *leasing*".

Enfim, o *leasing* (financeiro e *lease*-back) não é locação,[43] não é operação de crédito, não é compra e venda, não é mandato, não é promessa unilateral de venda, o *"leasing é leasing"*, com o perdão da redundância! Trata-se de um contrato distinto daqueles outros. É claro que no arrendamento mercantil *tem*[44] locação, *tem* promessa unilateral de venda, *tem* mandato, *tem* intermediação, *tem* crédito envolvido, mas a junção de todas essas obrigações contratuais acarreta num novo e autônomo contrato. Por isso, cabe a redundância: "arrendamento mercantil é arrendamento mercantil" (nas suas modalidades financeiro e *lease-back*), *"contrato autônomo que não é misto"*, segundo a ementa do julgado acima transcrita.

Em outras palavras, o contrato de arrendamento mercantil (nas suas modalidades financeira e *lease-back*) possui várias atividades-meio que, uma vez somadas, geram um novo e inconfundível contrato. Assim, a locação (arrendamento) do bem é uma atividade-meio desse financiamento-serviço, assim como a intermediação, promessa unilateral de venda, mandado e outras atividades.

Vulgarmente, pode-se qualificar o *leasing* como um contrato "hermafrodita",[45] com várias características inerentes a outros contratos (que são, na verdade, atividades-meio que compõem o *leasing*).

Outro ponto pacificado pelo Supremo Tribunal Federal é que o *leasing* (financeiro e *lease-back*) tem como *núcleo* (ou seja, estrutura, base, centro, matriz, causa) um *financiamento*. A nosso ver, isso tem reflexo direto na composição da base de cálculo do ISS, pois, o *bem arrendado* é, então, um *bem financiado*, tornando o valor residual um inegável pagamento do preço desse financiamento. Portanto, trata-se de mais um importante argumento para ratificar a inclusão do valor residual na base imponível do imposto municipal, eis que faz parte do *preço do serviço*, ou, se preferir, preço do *financiamento* (já que *"financiamento é serviço"*, conforme decisão do STF).

---

[43] Já o *leasing* operacional foi reputado como locação.

[44] Destaca-se que "ter" não é "ser". Portanto, o fato do arrendamento mercantil *ter* uma locação não significa que ele *é* uma locação. Daí o destaque feito em itálico por nós.

[45] Esse apelido – "contrato *hermafrodita*" – foi dado por Wander Cavalcante Garcia, em uma aula de pós-graduação no curso de Gestão e Planejamento Tributário da Integrale/FECAP, em Bauru-SP.

A propósito, entendemos que o STF implicitamente já tratou dessa incidência *total* do ISS sobre o contrato de arrendamento mercantil, autorizando a sua cobrança sobre as contraprestações mensais mais o valor residual. Com efeito, se o STF admitisse esse afastamento do valor residual da base do ISS, já teria decidido isso nestes dois primeiros julgados. Para reforçar ainda mais esse nosso posicionamento, vale lembrar que o STF considerou o arrendamento *um* (único) contrato autônomo, não admitindo qualquer fragmentação do contrato e, por conseguinte, de sua remuneração (preço).

Ora, para justificar a não incidência do ISS sobre o valor residual, os contribuintes terão que argumentar que essa parte estaria sujeita ao ICMS, algo totalmente inaceitável após o julgamento da Suprema Corte, a nosso ver, até porque a opção de compra é uma etapa do próprio contrato de arrendamento mercantil, e não um *novo* contrato de compra e venda. Aliás, conforme explica Fernando Netto Boiteux, "a finalidade do contrato [de arrendamento mercantil] é permitir ao arrendatário exercer a opção de ficar ou não com a coisa no final do contrato, pois, se essa opção não existisse seria locação ou compra e venda, conforme se desse, ou não, a compra".[46]

Essa constatação (o *leasing* é financiamento) também traz consequências diretas no âmbito do *arbitramento* da base de cálculo. Temos ciência de que alguns municípios estão arbitrando a base do ISS sobre o *leasing* de veículos *apenas* com base no valor dos veículos (100% do valor de mercado do veículo). Esse arbitramento, a nosso ver, está incompleto, bem menor (ou distante) do que a base "real". E os "juros" e encargos desse financiamento? Ao se basear *apenas* em 100% do valor de mercado do veículo, esses lançamentos fiscais deixaram de considerar os custos, encargos e, mais ainda, os lucros desse *financiamento-serviço*.[47]

O enquadramento como *financiamento*, ao contrário do que pode sugerir, não atrai a incidência do IOF sobre o *leasing*, pelo menos enquanto em vigor a Lei Complementar nº 116/2003 e o Código Tributário Nacional.

Se, de um lado, a LC nº 116/2003 canalizou o contrato de arrendamento mercantil para o ISS, o art. 63, I, do CTN impede a incidência do IOF, na medida em que *define* (ou *declara*) que o imposto federal tem como fato gerador, quanto às operações de crédito, "a

---

[46] "Contrato de *leasing* e valor residual- seus efeitos tributários" in *Revista Dialética de Direito Tributário*, nº 66, março de 2001, p. 36-37.

[47] Mais adiante, ao tratarmos do arbitramento do imposto, voltaremos a essa delicada questão, com muito mais detalhes.

sua efetivação pela entrega total ou parcial do montante ou do valor que constitua o objeto da obrigação, ou a sua colocação à disposição do interessado".

Destacaram-se, propositadamente, as palavras "montante" e "valor", que se constituem no *objeto* da operação de crédito sujeita ao IOF. Em palavras mais diretas, o IOF somente pode incidir, segundo o CTN (que tem *status* de lei complementar) nas operações de créditos que envolvam ou transacionem *dinheiro* (daí as expressões "montante" e "valor"), é dizer, entrega de *dinheiro* (ou crédito) para o financiado, logo, contrato de *mútuo*.

No arrendamento mercantil não existe nenhuma entrega de *dinheiro* ("montante" ou "valor"), nem sua colocação à disposição do interessado (*crédito*, contrato de mútuo); no *leasing*, o objeto financiado é um bem (móvel ou imóvel) necessariamente *infungível* (dinheiro é bem fungível por sua natureza!), devidamente especificado pelo arrendatário. A parte final do parágrafo único do art. 1º da Lei nº 6.099/1974 deixa isso absolutamente claro:

> Considera-se arrendamento mercantil, para os efeitos desta Lei, o negócio jurídico (...) que tenha por objeto o arrendamento de bens adquiridos pela arrendadora, segundo especificações da arrendatária e para uso próprio desta.

Por outro lado, o art. 11 da Resolução CMN nº 2.309/1996 prevê que "podem ser objeto de arrendamento bens móveis, de produção nacional ou estrangeira, e bens imóveis adquiridos pela entidade arrendadora para fins de uso próprio da arrendatária, segundo as especificações desta". O art. 29 dessa resolução também esclarece a diferença entre o contrato de arrendamento mercantil e o contrato de mútuo (empréstimo propriamente dito), na medida em que veda a celebração de contratos de mútuo entre as sociedades de arrendamento mercantil e pessoas físicas ou jurídicas não financeiras.

Essa diferenciação de seus respectivos *objetos*, torna o arrendamento mercantil diferente de uma *operação de crédito*.[48] Ambos são financiamentos ou operações financeiras, estão sujeitos ao controle do CMN e do BACEN, somente instituições financeiras estão

---

[48] Dessa forma, discordamos da conclusão de Fábio Soares de Melo, para quem "o arrendamento mercantil (leasing) acaba por englobar diversos negócios jurídicos – dentre eles: compra e venda, locação, financiamento, etc. – preponderando sua finalidade principal que consiste no financiamento do bem por intermédio da concessão de crédito por meio de uma instituição financeira (sociedade de financiamento) [Imposto sobre serviços de qualquer natureza. Arrendamento mercantil (*Leasing*). Critérios para definição do município competente, Lei Complementar nº 116/2003", *in Revista Dialética de Direito Tributário* nº 102, março de 2004, p. 70]. De acordo com o entendimento sacramentado pelo STF, o *leasing* não é uma operação de crédito, muito embora seja um financiamento (financiamento-serviço).

autorizadas a contratá-los; porém, há esse ponto *incomum* (objetos completamente diferentes) que dá essa liberdade *política* para a *lei complementar* escolher um imposto diferente para cada uma dessas operações, à luz do art. 146, inciso I, e, também, do inciso III, letra "a", da Constituição Federal:[49] operações de crédito ("dinheiro") ficam sob o alcance do IOF; ao passo que o *leasing* ("bens infungíveis") pertence ao campo de incidência do ISS.

Essa repartição de competência tributária acima comentada foi alvo de comentário expresso do Ministro Joaquim Barbosa em seu voto no RE nº 547.245, ao explicar que o "ouro" pode ser tributado pelo IOF ou pelo ICMS, dependendo de sua utilização em concreto (ativo financeiro ou mercadoria, respectivamente).

Referido Ministro também consignou que: "o núcleo essencial da atividade de arrendamento não se reduz, portanto, a captar, intermediar ou aplicar recursos próprios ou de terceiros". E arrematou:

> Não há, pura e simplesmente, a concessão de crédito àqueles interessados no aluguel ou na aquisição de bens. A empresa arrendadora vai ao mercado e adquire o bem para transferir sua posse ao arrendatário. Não há predominância dos aspectos de financiamento ou aluguel, reciprocamente considerados. O negócio jurídico é uno. Vale dizer, as operações de arrendamento mercantil pertencem a categoria própria, que não se confunde com aluguel ou financiamento, isoladamente considerados.

O Ministro Carlos Britto, em seu voto, adotou um entendimento assustadoramente amplo, no sentido de que "disponibilizar crédito para obtenção de um bem destinado a uso não é senão um modo de intermediar, ou seja, fazer uma intermediação, obrigação de fazer, portanto".

Para Péricles Prade (*op. cit*, p. 70), o *leasing* não pode ser confundido com o "financiamento" (para adequar à jurisprudência do STF, troquemos por "operação de crédito"), pois

> o arrendatário não recebe recursos, mas, sim, o próprio bem de que precisa, cuja propriedade, durante a vigência do contrato, não é transferida pelo arrendador. Este aplica recursos próprios, adquire o bem e o mantém em seu nome até que se exerça a opção de compra.

Enfim, essas são as características jurídicas desse polêmico, complexo e autônomo contrato de arrendamento mercantil, que deslocam a competência tributária em prol dos Municípios, a título de ISS.

---

[49] "Art. 146. Cabe à lei complementar: I – dispor sobre conflitos de competência, em matéria tributária, entre a União, os Estados, o Distrito Federal e os Municípios; (...) III – estabelecer normas gerais em matéria de legislação tributária, especialmente sobre: a) definição de tributos e de suas espécies, bem como, em relação aos impostos discriminados nesta Constituição, a dos respectivos fatos geradores, bases de cálculo e contribuintes".

2. Modalidades de *Leasing*

O STF, nos RE nos 547.245 e 592.905, apontou a existência de *três* modalidades de arrendamento mercantil, a saber: operacional, financeiro e *lease-back*. O Tribunal considerou o *leasing* operacional como uma *locação* (logo, não sujeita ao ISS, conforme Súmula Vinculante nº 31 do STF),[50] e como "financiamento-serviço" as outras duas espécies (financeiro e *lease-back*), admitindo a tributação do ISS apenas sobre elas. A ementa já deixa isso bem claro:

> RECURSO EXTRAORDINÁRIO – DIREITO TRIBUTÁRIO – ISS – ARRENDAMENTO MERCANTIL – OPERAÇÃO DE *LEASING* FINANCEIRO – ART. 156, III, DA CONSTITUIÇÃO DO BRASIL. O arrendamento mercantil compreende três modalidades, [i] o *leasing* operacional, [ii] o *leasing* financeiro e [iii] o chamado *lease-back*. No primeiro caso há locação, nos outros dois, serviço (...).

Nos termos do art. 5º da Resolução CMN nº 2.309/1996, considera-se arrendamento mercantil *financeiro*[51] quando:

> I – as contraprestações e demais pagamentos previstos no contrato, devidos pela arrendatária, sejam normalmente suficientes para que a arrendadora recupere o custo do bem arrendado durante o prazo contratual da operação e, adicionalmente, obtenha um retorno sobre os recursos investidos;
>
> II – as despesas de manutenção, assistência técnica e serviços correlatos à operacionalidade do bem arrendado sejam de responsabilidade da arrendatária;
>
> III – o preço para o exercício da opção de compra seja livremente pactuado, podendo ser, inclusive, o valor de mercado do bem arrendado.

---

[50] Súmula Vinculante nº 31 do STF: "é inconstitucional a incidência do imposto sobre serviços de qualquer natureza – ISS sobre operações de locação de bens móveis". Recentemente, no RE nº 626.706, o Pleno do STF confirmou a não incidência do ISS sobre a locação de bens móveis, afastando, assim, qualquer dúvida de que essa Súmula Vinculante estaria "superada" em razão da tributação do *leasing* pelo ISS.

[51] Também conhecido como *financial leasing* ou *full payout lease*. É o contrato de arrendamento mercantil "puro".

Por sua vez, o art. 6º da mesma Resolução CMN nº 2.309/1996 (alterada pela Resolução CMN nº 2.465/1998), caracteriza a operação de arrendamento *operacional*[52] quando:

> I – as contraprestações a serem pagas pela arrendatária contemplem o custo de arrendamento do bem e os serviços inerentes a sua colocação à disposição da arrendatária, não podendo o valor presente dos pagamentos ultrapassar 90% (noventa por cento) do custo do bem;
>
> II – o prazo contratual seja inferior a 75% (setenta e cinco por cento) do prazo de vida útil econômica do bem;
>
> III – o preço para o exercício da opção de compra seja o valor de mercado do bem arrendado;
>
> IV – não haja previsão de pagamento de valor residual garantido.
>
> § 1º As operações de que trata este artigo são privativas dos bancos múltiplos com carteira de arrendamento mercantil e das sociedades de arrendamento mercantil.
>
> § 2º No cálculo do valor presente dos pagamentos deverá ser utilizada taxa equivalente aos encargos financeiros constantes do contrato.
>
> § 3º A manutenção, a assistência técnica e os serviços correlatos à operacionalidade do bem arrendado podem ser de responsabilidade da arrendadora ou da arrendatária.

Fábio Ulhoa Coelho, em seu *Curso de Direito Comercial* (vol. 3, Saraiva, 2007), distingue com propriedade as duas modalidades de arrendamento mercantil:

> A exploração da atividade de *leasing* está disciplinada pela Resolução BC nº 2.309, de 1996, que distingue duas modalidades de contrato: o *leasing* financeiro e o operacional. A primeira se caracteriza, basicamente, pela inexistência de resíduo expressivo. Isto é, para o exercício da opção de compra, o arrendatário desembolsa uma importância de pequeno valor, devendo a soma das prestações correspondentes à locação ser suficiente para a recuperação do custo do bem e o retorno do investimento da arrendadora. Na segunda modalidade, como essa soma não pode ultrapassar 90% do custo do bem arrendado, o resíduo a ser pago pela arrendatária, no momento da opção de compra, tende a ser expressivo. O resíduo pode ser pago antecipadamente, obrigando-se a arrendadora a restituí-lo, caso o arrendatário não opte pela aquisição do bem.

Vale destacar que o STF, nos RE nº 547.245 e nº 592.905, visualizou o contrato de arrendamento mercantil *operacional* como um contrato de *locação*, e não como um contrato autônomo. Daí a não incidência do ISS sobre essa modalidade de *leasing*.

Fran Martins traz os seguintes ensinamentos em torno dessas duas modalidades de arrendamento mercantil:

---

[52] Também tratado como simples *renting*, por alguns doutrinadores.

a) "Leasing" financeiro

O *leasing* financeiro é aquele em que uma empresa se dedica habitual e profissionalmente a adquirir bens produzidos por outros para arrendá-los, mediante uma retribuição estabelecida, a uma empresa que deles necessite. Várias são as características dessa operação. Em primeiro lugar, a empresa arrendadora não é produtora ou proprietária primitiva do bem que vai ser arrendado. Esse bem é escolhido e indicado pela arrendatária, que tanto entra em contrato com o vendedor, podendo, inclusive, discutir o preço. Assim acontecendo, é feita a indicação do bem à empresa de *leasing*, que o adquire e em seguida arrenda ao cliente que o indicou.

Segunda característica do *leasing* financeiro é que, feito o arrendamento por tempo determinado, expressamente ficará facultada, no contrato, que, findo este, o arrendatário tem uma opção, irrevogável, de compra do bem. O valor dessa compra é, em regra, fixado no contrato, podendo, entretanto, este apenas dispor sobre o modo de ser encontrado o valor do bem no momento da opção. Em regra, com as prestações fixadas, que normalmente são altas, leva-se em conta o valor do bem e a remuneração do seu uso e gozo pelo arrendatário. Assim, ao pagar uma prestação, o arrendatário como que paga uma parte do valor do bem e uma parte do arrendamento propriamente dito. (...)

No *leasing* puro há assim, uma operação de financiamento por parte da empresa arrendadora, e por tal razão é que, em regra, as entidades que o praticam ficam sujeitas às normas das operações bancárias. (...)

"Leasing" operacional. "Renting". (...)

Por *leasing* operacional entende-se aquele em que uma empresa, proprietária de certos bens, os dá em arrendamento à pessoa, mediante o pagamento de prestações determinadas, incumbindo-se, entretanto, o proprietário dos bens a prestar assistência ao arrendatário durante o período do arrendamento. O que distingue essencialmente o *leasing* operacional do *leasing* financeiro é o fato de que, enquanto neste há sempre a cláusula da obrigatoriedade do contrato por todo o período do arrendamento, no *leasing* operacional o contrato pode ser rescindido a qualquer momento pelo arrendatário, desde que haja um aviso prévio. No *leasing* operacional o proprietário do bem pode, havendo cláusula contratual, adquirir o mesmo no fim da locação. Em regra, contudo, esses contratos são feitos por períodos curtos, de modo a que o bem devolvido possa ser novamente arrendado. Os bens devem ser devolvidos "em bom estado", para poderem ser relocados.

No *leasing* operacional a propriedade do bem continua com a arrendadora, de modo que essa responde pelos riscos da coisa.[53]

Para José Eduardo Soares de Melo:

A distinção básica entre tais modalidades reside no fato de que operacional guarda similaridade com a locação, e o pagamento de aluguéis por um período predeterminado, preço correspondente ao valor de mercado, e pagamento ao final do contrato no caso de aquisição com limite de 75% do custo do bem; enquanto que o financeiro constitui alternativa de investimento de longo prazo, com preço livre-

---

[53] *Contratos e Obrigações Comerciais.* 14ª ed. Rio de Janeiro: Forense, 1998, p. 453-456.

mente acertado pelos contratantes, pago de forma antecipada, diluída, ou a final, e contraprestações de valor integral.[54]

Com relação ao *lease-back* (conhecido também como *leasing* de retorno), na verdade, trata-se de um exemplo (ou subespécie) de arrendamento mercantil *financeiro*. Com efeito, a própria Resolução CMN n° 2.309/1996, logo no parágrafo único do art. 1°, prevê que as operações de arrendamento mercantil "podem ser dos tipos financeiro e operacional".

Ademais, o art. 13 da mesma resolução prevê que as operações de *leasing* contratadas com o próprio vendedor do bem "somente podem ser contratadas na modalidade de arrendamento mercantil financeiro".

No *lease-back* há apenas duas empresas participantes dessa operação, eis que a arrendatária é a própria vendedora do bem a ser adquiridos e posteriormente arrendado pela arrendadora. No mais, valem exatamente as mesmas cláusulas contratuais afetas ao tipo financeiro. Nesse sentido, leciona Rodolfo Camargo Mancuso:

> Em linhas gerais, [o lease-back] trata-se de um *leasing* de caráter financeiro, singularizando-se, porém, nisso que o locatário vende o bem ao locador, para depois retomá-lo em locação, podendo, eventualmente ser inserida cláusula de denunciabilidade unilateral do contrato, pelo locatário. Como se vê, enquanto no *leasing* padrão a relação se mostra triangular (a locadora adquire o bem junto a terceiro, em ordem a arrendá-lo ao tomador do *leasing*), já no lease back, a relação se faz linear, entre "vendedor-locatário" e "adquirente-locador".[55]

No *Plano de Contas COSIF*,[56] as operações de arrendamento mercantil estão arroladas nas seguintes contas, conforme Circular n° 1.273 do BACEN:

• *LEASING* FINANCEIRO[57]

7.1.2.10.00-1 – RENDAS DE ARRENDAMENTOS FINANCEIROS – RECURSOS INTERNOS.
Função: registrar as rendas de arrendamento mercantil financeiro realizado com recursos internos.

---

[54] *ISS – Aspectos Teóricos e Práticos*. 4ª ed. São Paulo: Dialética, 2005, p. 103. No mesmíssimo sentido, leciona Kiyoshi Harada em sua obra *ISS – Doutrina e Prática*. São Paulo: Atlas, 2008, p. 165.

[55] *Leasing*. 2ª ed. São Paulo: Revista dos Tribunais, 1999, p. 49.

[56] COSIF é o plano contábil das instituições do sistema financeiro nacional, disponível no *site* do Banco Central, e tem como objetivo "uniformizar os registros contábeis dos atos e fatos administrativos praticados, racionalizar a utilização de contas, estabelecer regras, critérios e procedimentos necessários à obtenção e divulgação de dados, possibilitar o acompanhamento do sistema financeiro, bem como a análise, a avaliação do desempenho e o controle, de modo que as demonstrações financeiras elaboradas expressem, com fidedignidade e clareza, areal situação econômico-financeira da instituição e conglomerados financeiros", de acordo com a Circular n° 1.273 do BACEN.

[57] O Plano COSIF trata o *lease-back* dentro dessa rubrica "leasing financeiro".

7.1.2.20.00-8 – RENDAS DE ARRENDAMENTOS FINANCEIROS – RECURSOS EXTERNOS
Função: registrar as rendas de arrendamento mercantil financeiro realizado com recursos externos.

- *LEASING* OPERACIONAL

7.1.2.15.00-6 – RENDAS DE ARRENDAMENTOS OPERACIONAIS – RECURSOS INTERNOS
Função: registrar as rendas de arrendamento mercantil operacional realizado com recursos internos.

7.1.2.25.00-3
Função: registrar as rendas de arrendamento mercantil operacional realizado com recursos externos.

Enfim, para fins de incidência do ISS sobre a operação de *leasing*, interessa apenas a modalidade *financeira* (incluindo-se o *lease-back*), já que o arrendamento mercantil *operacional* foi reputado pela Suprema Corte como um simples contrato de locação.

Impressionantemente, colocando uma polêmica nesse assunto que, até então, estava tranquilo e sem questionamentos, a Deliberação CVM n° 554/2008 trouxe o Pronunciamento Técnico CPN n° 6, que modifica o critério para se diferenciar o *leasing* financeiro do operacional:

> O objetivo deste Pronunciamento é o de prescrever, para arrendatários e arrendadores, as políticas contábeis e divulgações apropriadas a aplicar em relação a arrendamentos mercantis.
>
> A classificação de arrendamentos mercantis adotada neste Pronunciamento baseia-se na extensão em que os riscos e benefícios inerentes à propriedade de um ativo arrendado são transferidos ao arrendatário ou permanecem no arrendador.
>
> Um arrendamento mercantil é classificado como financeiro se ele transferir substancialmente todos os riscos e benefícios inerentes à propriedade. Um arrendamento mercantil é classificado como operacional se ele não transferir substancialmente todos os riscos e benefícios inerentes à propriedade.

Resta saber até onde essa deliberação da CVM se aplica ao ISS, ou, até mesmo, se essa norma (jurídico-contábil) tem alguma validade, na medida em que destoa tanto da Lei n° 6.099/1974 como da Resolução CMN n° 2.309/1996. Será que a Comissão de Valores Mobiliários (CVM) tem competência para modificar os critérios estabelecidos por aquelas outras normas?

Referida Deliberação da CVM traz as seguintes definições, baseadas nos riscos e benefícios do contrato:

> 1. Os seguintes termos são usados neste Pronunciamento, com os significados especificados:

> Arrendamento mercantil é um acordo pelo qual o arrendador transmite ao arrendatário em troca de um pagamento ou série de pagamentos o direito de usar um ativo por um período de tempo acordado.
>
> Arrendamento mercantil financeiro é aquele em que há transferência substancial dos riscos e benefícios inerentes à propriedade de um ativo. O título de propriedade pode ou não vir a ser transferido.
>
> Arrendamento mercantil operacional é um arrendamento mercantil diferente de um arrendamento mercantil financeiro.

Agora, vale dizer que o impacto dessa deliberação não deve ser nada significante, na medida em que o *leasing financeiro* sempre descamba para a transferência dos riscos e benefícios para o arrendatário (tal como está na deliberação), ocorrendo o inverso no *leasing operacional*. Portanto, a princípio, essa divergência deve ficar apenas no campo "redacional" ou formal, sem grandes complicações.

Com efeito, José Francisco Lopes de Miranda Leão traz as seguintes advertências acerca do *leasing operacional:*

> Compreende-se que a autoridade monetária tenha limitado esses contratos [de arrendamento mercantil operacional] a períodos curtos (no máximo, 75% do prazo de vida útil econômica do bem),[58] para diminuir os riscos envolvidos, uma vez que o asseguramento de limites razoáveis de risco e a proteção da liquidez do sistema como um todo são coisas inerente ao interesse público, que justifica a atuação da autoridade. Essa também é a razão pela qual estes contratos têm prazo mínio mais reduzido (noventa dias, contra vinte e quatro meses no *leasing* financeiro):[59] é mais seguro estimar o valor residual a curto do que a longo prazo. E, do mesmo, modo, é pela mesma causa que se permite às arrendadoras, no *leasing* operacional, assumir despesas com a conservação e manutenção do bem[60] (para garantir que, no final do arrendamento, ele esteja em bom estado e alcance efetivamente o preço estimado).[61]

Arnaldo Rizzardo, citando José Wilson Nogueira de Queiroz, também leciona que esses riscos ficam por conta do arrendador no *leasing operacional*, logo, não há tal transferência, ao escrever que sobressaem os seguintes aspectos desta modalidade de arrendamento mercantil:

> e) o locador assume os riscos acarretados pelo equipamento, especialmente no que se refere à tecnologia, à obsolescência e ao mercado.[62]

---

[58] Neste sentido: art. 6º, II, da Resolução CMN nº 2.309/1996.
[59] Art. 8º da Resolução CMN nº 2.309/1996.
[60] Art. 6º, § 3º, da Resolução CMN nº 2.309/1996.
[61] *Leasing – O Arrendamento Financeiro*, p. 35.
[62] *Leasing*, p. 39.

Portanto, muito embora a Deliberação CVM nº 554/2008 tenha utilizado critério distinto da Lei nº 6.099/1974 e da Resolução CMN nº 2.309/1996, em todas essas normas acaba-se chegando ao mesmo lugar (na mesma modalidade), ou seja, são critérios diferentes, mas compatíveis (ou cumulativos) entre si.

3. Decisão do STF em prol da incidência do ISS sobre o *leasing* financeiro

Enfim, o Supremo Tribunal Federal pôs fim à longa discussão sobre a tributação do arrendamento mercantil, validando a incidência do ISS sobre a sua modalidade *financeira* (inclui o *lease-back*).

Por maioria dos votos (10x1), os ministros do Supremo Tribunal Federal (STF) deram provimento aos Recursos Extraordinários n° 547.245 (do Município de Itajaí/SC) e n° 592.905 (do Município de Caçador/SC).

O STF decidiu, quanto ao caráter jurídico do contrato de arrendamento mercantil, que ele seria *contrato autônomo* que compreenderia *três* modalidades: 1) o *leasing* operacional; 2) o *leasing* financeiro e 3) o chamado *lease-back* (Resolução n° 2.309/1996 do BACEN, arts. 5°, 6° e 23, e Lei n° 6.099/1974, art. 9°, na redação dada pela Lei n° 7.132/1983). Asseverou-se que, no primeiro caso, haveria locação, e, nos outros dois, serviço.

Ressaltou-se, ainda, que o *leasing* financeiro seria a modalidade clássica ou pura de *leasing* e, na prática, a mais utilizada, sendo a espécie tratada nos recursos examinados. Foi esclarecido que, nessa modalidade, a arrendadora adquire bens de um fabricante ou fornecedor e entrega seu uso e gozo ao arrendatário, mediante pagamento de uma contraprestação periódica, ao final da locação abrindo-se a este a possibilidade de devolver o bem à arrendadora, renovar a locação ou adquiri-lo pelo preço residual combinado no contrato.

Os dez ministros do STF, que votaram em prol dos Municípios, observaram que preponderaria, no *leasing financeiro* o caráter de *financiamento* e nele a arrendadora, que desempenha função de locadora, surgiria como intermediária entre o fornecedor e arrendatário. Após salientar que a lei complementar (*in casu*, a LC n° 116/2003) não define o que é serviço, mas apenas o declara, para os fins do inciso III do art. 156 da CF, concluiu-se que, no arrendamento mercantil (*leasing* financeiro) – contrato autônomo que não é contrato misto, cujo núcleo é o financiamento, e não uma prestação de dar –, por ser *financiamento serviço*, poderia sobre ele incidir o ISS, resultando irrelevante a existência de uma compra.

O único voto contrário foi do ministro Marco Aurélio, ao entender que *leasing* é locação, e esta não é serviço, como já julgado pelo STF em outros recursos. "O tributo da competência dos municípios diz respeito a serviço prestado, ou seja, a desempenho de atividade, a obrigação de fazer e não de dar", afirmou.

4. Elementos do fato gerador do ISS sobre o *leasing*

4.1. Elemento material

A partir das decisões do STF afirmando a constitucionalidade da incidência do ISS sobre o *leasing*, acabou ficando claro que o gravame só recairá sobre as operações de arrendamento mercantil *financeiro*.

O *leasing* operacional é locação na visão do STF e, portanto, não pode sofrer a incidência do imposto municipal.

As duas modalidades de arrendamento são diferençadas pelos arts. 5º e 6º da Resolução CMN nº 2.309/1996, conforme visto anteriormente.

Esse aspecto material da regra-matriz de incidência do ISS sobre o *leasing* está registrado no subitem 15.09 da Lista anexa à LC nº 116/2003:

> 15.09. Arrendamento mercantil de quaisquer bens, inclusive cessão de direitos e obrigações, substituição de garantia, alteração, cancelamento e registro de contrato, e demais serviços relacionados ao arrendamento mercantil (*leasing*).

Note-se que não é apenas o contrato propriamente dito de arrendamento mercantil que está previsto no referido subitem. A LC nº 116/2003 autoriza a cobrança do imposto também ("inclusive") sobre: a) cessão de direitos e obrigações; b) substituição de garantia; c) alteração, cancelamento e registro de contrato; e d) demais serviços relacionados ao arrendamento mercantil. Logo, o ISS incidirá sobre as tarifas bancárias cobradas nesses serviços.

Ademais, cumpre lembrar que a tributação do *leasing* não é inovação da Lei Complementar nº 116/2003, ou seja, não abrange apenas fatos geradores ocorridos em 2004 para frente (ou, exercício mais adiante, dependendo de quando o Município instituiu sua "nova" lei municipal do ISS, respeitando-se o princípio da anterioridade do exercício financeiro e nonagesimal, consoante art. 150, III, "b" e "c", da Constituição Federal). A previsão em lei complementar para a tributação do *leasing* a título de ISS vem desde a Lei Complementar n° 56/1987, portanto, a partir de 1988.

Por fim, o bem arrendado não precisa ser um bem móvel, como ocorria até o advento da Lei Complementar n° 116/2003. Esta nova legislação nacional do ISS contempla também o arrendamento mercantil de *quais bens*, incluindo, portanto, os bens imóveis arrendados. Tais contratos são conhecidos como *leasing* imobiliário.

Assim, o ISS somente incidirá sobre os contratos de arrendamento mercantil imobiliário em *andamento* a partir de 2004,[63] ou de outro ano posterior, dependendo da publicação da nova lei municipal.

4.1.1. Subarrendamento mercantil

Outro ponto interessante se refere ao *subarrendamento* mercantil, operação esta realizada pelos bancos múltiplos com carteira de arrendamento mercantil, ou pelas sociedades de arrendamento mercantil, relativamente a bens arrendados com entidades domiciliadas no exterior, visando à realização de um *novo* arrendamento mercantil, agora, com eles na condição de (sub) arrendadoras.

O subarrendamento está veiculado nos arts. 15 a 18 da Resolução CMN 2.309.

No subarrendamento, então, uma instituição financeira brasileira realiza operações de arrendamento com entidade estrangeira com vistas unicamente ao posterior subarrendamento dos bens a pessoas jurídicas sediadas no Brasil. Têm-se, então, dois contratos distintos e paralelos: a) primeiro contrato de arrendamento mercantil entre a instituição estrangeira (arrendadora) e a subarrendadora brasileira (na condição de arrendatária); e b) segundo contrato de *leasing* envolvendo a subarrendadora brasileira (agora, na posição de arrendadora) e arrendatária brasileira (que deve ser uma pessoa jurídica, segundo o referido art. 15).

Por se tratar de (mais) um contrato de arrendamento mercantil, não vemos problemas para a tributação total do ISS sobre

---

[63] Entendemos que poderá haver a incidência do ISS mesmo sobre os contratos de *leasing* imobiliário *celebrados* antes de 2004, mas que tiveram suas *execuções* durante a vigência da nova norma geral do ISS, pois, na nossa visão, o contrato de leasing é de duração continuada.

esse contrato, sem qualquer abatimento do que for pago na primeira operação de arrendamento mercantil, já que o ISS é um imposto cumulativo.

4.1.2. Cessão de contratos de arrendamento mercantil

A Resolução CMN nº 2.309, em seus arts. 22 a 25, versa sobre as operações de *cessão e aquisição de contratos de arrendamento mercantil*, ou seja, trata-se de uma transação entre instituições financeiras para a cessão/aquisição dos contratos de *leasing*.

Neste tipo contratual, não se está diante de um contrato de arrendamento mercantil. Na verdade, o contrato de *leasing* se transforma em *objeto* desse novo contrato, de transferência (cessão). Ou melhor: os créditos financeiros (contraprestações e VRG) ali previstos é que estão sendo cedidos.

A nosso ver, esse contrato configura uma *operação de crédito* sujeita ao IOF, pois se enquadra no conceito do art. 63, I, do CTN: o objeto desse contrato é a transação de um valor, de um montante. Destarte, não vislumbramos a incidência do ISS na cessão do contrato, pois não há serviço, não há obrigação de fazer.

O adquirente (cessionário) se sub-rogará na condição de arrendador no contrato de arrendamento mercantil transacionado. Por conseguinte, ele passará a ser o contribuinte do ISS incidente sobre este contrato (de *leasing*, vale especificar).

Por outro lado, o cessionário também poderá ser acionado como responsável tributário (por sucessão) dos créditos tributários devidos antes da aquisição do contrato. O art. 131, I, do CTN fundamenta essa postura fiscal municipal, na medida em que a cessão do contrato de *leasing* implica a transferência do bem arrendado.

4.1.3. Leasing-*importação*

O *leasing* internacional (ou *leasing*-importação) consiste em uma operação realizada entre uma sociedade arrendadora sediada em outro País e uma arrendatária brasileira, envolvendo bens novos ou usados, produzidos no Brasil ou no exterior.

O art. 11 da Resolução CMN nº 2.309/1996 admite expressamente o arrendamento mercantil de bens móveis de produção estrangeira. Da mesma maneira, o art. 17 da Lei nº 6.099/1974 prescreve sobre o assunto:

Art. 17. A entrada no território nacional dos bens objeto de arrendamento mercantil, contratado com entidades arrendadoras domiciliadas no exterior, não se confunde com o regime de admissão temporária de que trata o Decreto-Lei nº 37, de 18 de novembro de 1966, e se sujeitará a todas as normas legais que regem a importação.

Na prática, o *leasing*-importação é um negócio que interessa *importadores* interessados no financiamento de bens de produção estrangeira, tais como as indústrias, companhias aéreas, hospitais e clínicas médicas. Aliás, caso se confirme a tributação exclusiva do ISS nessa operação, afastando-se o ICMS, é possível que essa modalidade contratual cresça bastante, pois o importador teria uma substancial redução na carga tributária, já que a alíquota do imposto estadual é de 18%, e a alíquota máxima do ISS é de 5%. Além dessa diferença de 13% entre as alíquotas do ICMS e do ISS, o importador brasileiro ainda obteria uma redução nas bases de outros tributos incidentes na importação cujo ICMS é incluído (caso do PIS/COFINS importação, por exemplo). Ademais, o enquadramento da operação como serviço também deve afastar o IPI até então cobrado das importações.

Enfim, a recente decisão do STF em prol da incidência do ISS sobre o *leasing* financeiro (e *lease-back*) deve repercutir também nas importações, gerando interesse jurídico-financeiro nos próprios importadores de trocar, eventualmente, a convencional compra e venda pelo arrendamento mercantil internacional, em busca de uma redução na carga tributária afeta à aquisição do bem.

Por outro lado, conforme admitido no art. 15 da Resolução CMN nº 2.309/1996 (matriz legal no art. 16 da Lei nº 6.099/1974), o *leasing* internacional pode ser contratado pelos bancos múltiplos com carteira de arrendamento mercantil e pelas sociedades de arrendamento mercantil, na condição de arrendatários, "com vistas ao posterior subarrendamento dos bens a pessoas jurídicas, no País". Aliás, nessa hipótese de subarrendamento, haverá (ou "pode haver") duas incidências autônomas e *cumulativas* do ISS:[64] I) arrendamento mercantil "original" entre a arrendadora estrangeira e a arrendatária nacional (banco/sociedade de arrendamento mercantil); e II) subarrendamento mercantil entre a subarrendadora brasileira (banco/sociedade de arrendamento mercantil) e a arrendatária pessoas jurídica.

Quanto ao aspecto tributário dos serviços (e o *leasing* é ou "tem" serviço, conforme decidido pelo STF), a *importação* também

---

[64] Tratamos desse ponto no subitem 5.1.1, para onde remetemos o leitor.

é tributável pelo ISS, ao contrário do que ocorre com a *exportação*, que goza de imunidade tributária (art. 156, § 3º, II, CF; art. 2º, I, LC nº 116/2003).

O art. 1º, § 1º, da Lei Complementar nº 116/2003 expressamente prevê a incidência do ISS na *importação* dos *serviços*:

§ 1º O imposto incide também sobre o serviço proveniente do exterior do País ou cuja prestação se tenha iniciado no exterior do País.

Sendo assim, uma vez configurado como serviço ("financiamento-serviço") sujeito ao ISS, o chamado *leasing*-importação (ou *leasing* internacional) também deve compor o campo de incidência do imposto municipal, se o tipo do arrendamento mercantil for o financeiro ou o *lease-back*. Pelo menos, é a nossa opinião, a partir dos recentes *leading cases* do Supremo Tribunal Federal (RE nº 547.245 e nº 592.905), afinal de contas o contrato de arrendamento mercantil é um "financiamento-serviço".

No entanto, a validade da incidência do ISS sobre o arrendamento mercantil *financeiro* não é tão automática (simples) como pode parecer, ou seja, a invocação dos RE nº 547.245 e nº 592.905 ainda não é suficiente para afastar claramente a incidência do ICMS em prol do imposto municipal.

Com efeito, a tributação em cima do *leasing*-importação já motivou muita polêmica, tendo chegado, inclusive, no STF e no STJ. Todos esses julgados abrangiam apenas o ICMS, sem qualquer caso envolvendo o ISS nessas importações.

No Superior Tribunal de Justiça, havia jurisprudência uniforme *contra* a incidência do ICMS na importação mediante arrendamento mercantil. Neste sentido: REsp nº 146.389, nº 436.173, AgRg no Ag 385.174, entre outros. Essa orientação jurisprudencial do STJ interpretava e aplicava o art. 3º, VIII, da LC nº 87/1996. Ora, esse entendimento contrário ao ICMS, por outro lado, *reafirmaria* a tributação dessa importação pelo ISS.

Ocorre que o Pleno do Supremo Tribunal Federal, no RE nº 206.069, relatora Ministra Ellen Gracie, j. em 1º/09/2005, DJU de 1º/09/2006, decidiu de forma contrária ao STJ, no sentido de validar a cobrança do ICMS sobre a entrada de mercadoria importada do exterior mediante *leasing*. Eis o acórdão deste recurso extraordinário que se tornou o *leading case*:

RECURSO EXTRAORDINÁRIO – TRIBUTÁRIO – ICMS – ARRENDAMENTO MERCANTIL – *LEASING*.

1. De acordo com a Constituição de 1988, incide ICMS sobre a entrada de mercadoria importada do exterior. Desnecessária, portanto, a verificação da natureza jurídica do negócio internacional do qual decorre a importação, o qual não se encontra ao alcance do Fisco nacional.
2. O disposto no art. 3º, inciso VIII, da Lei Complementar nº 87/96 aplica-se exclusivamente às operações internas de *leasing*.
3. Recurso extraordinário conhecido e provido.

Comentando essa decisão do STF, assim explicou José Eduardo Soares de Melo:

> O referido aresto decidiu que incide o ICMS independentemente da natureza do contrato internacional que motive a importação, apontando os fundamentos seguintes: a) negócio jurídico ensejador da importação fora realizado no exterior, fora do alcance do Fisco brasileiro, não sendo disciplinado pelas leis brasileiras, mas tendo o constituinte optado por sujeitar ao ICMS o resultado do ajuste; b) a transferência da posse do bem, do arrendatário brasileiro volta para o arrendador sediado no exterior, encontra obstáculos naturais, físicos e fáticos, numa indicação de que essa operação talvez não albergue a precariedade da posse sobre o bem; c) o art. 3º, VIII, da LC nº 87/1996, aplica-se somente a operações internas de arrendamento mercantil, pelo fato de que a opção de compra constante do contrato internacional não está no âmbito de incidência do ICMS, nem o arrendador sediado no exterior é contribuinte; d) por ocasião da opção de compra, a possibilidade da tributação em ICMS estará exaurida, isto porque o bem já terá entrado no País em momento anterior; e) admite-se a incidência do ICMS sobre a entrada de mercadoria importada, qualquer que seja a natureza do ajuste internacional motivador da importação.

Esse entendimento do STF forçou o STJ a rever seu posicionamento; logo, o STJ também passou a reconhecer a legalidade da tributação do ICMS na importação via arrendamento mercantil, conforme se depreende do REsp nº 822.868.

A base constitucional utilizada pelo STF ao validar a incidência do ICMS na importação de bens via arrendamento mercantil é o art. 155, IX, *a*, da CF, na redação dada pela Emenda Constitucional nº 33/2001:[65]

> Art. 155. (...).
> § 2º. (...)
> IX – [o ICMS] incidirá também:
> a) sobre a entrada de bem ou mercadoria importados do exterior por pessoa física ou jurídica, ainda que não seja contribuinte habitual do imposto qualquer que seja a

---

[65] Essa EC nº 33/2001 foi aprovada como resposta ao entendimento sumulado pelo STF – Súmula 660 – baseado na redação original deste dispositivo constitucional, segundo o qual "não incide o ICMS na importação de bens por pessoa física ou jurídica que não seja contribuinte do imposto". Em outras palavras, a EC nº 33/2001 veio para "constitucionalizar" a cobrança do ICMS nas importações de quaisquer bens, independentemente do importador ser contribuinte "habitual" do imposto.

sua finalidade, assim como sobre o serviço prestado no exterior, cabendo o imposto ao Estado onde estiver situado o domicílio ou o estabelecimento do destinatário da mercadoria, bem ou serviço.

Para se adequar à nova redação do Texto Constitucional atribuído pela EC nº 33/2001, a Lei Complementar nº 114/2002 alterou o § 1º do art. 2º da LC 87/96 (Lei Nacional do ICMS), prevendo a incidência do imposto estadual "sobre a entrada de mercadoria ou bem importados do exterior, por pessoa física ou jurídica, ainda que não seja contribuinte habitual do imposto, qualquer que seja a sua finalidade".

Dificultando ainda mais esse assunto, por meio do RE nº 461.968, relator Ministro Eros Grau (mesmo relator dos *leading cases* do ISS sobre o *leasing*), julgado em 30.5.2007, o Plenário do STF *flexibilizou* seu posicionamento anterior, no sentido de excluir a incidência do ICMS na importação de aeronaves, peças e equipamentos de aeronaves através de *leasing*.

Essa nova posição (ou "modulação") do STF implicou, mais uma vez, uma reviravolta nas decisões do STJ, cuja 1ª Seção consolidou os seguintes entendimentos no REsp nº 1.131.718, relator Ministro Luiz Fux, j. em 27.3.2010 (data posterior ao julgamento do STF nos *leading cases* do ISS no *leasing*):

> PROCESSO CIVIL – RECURSO ESPECIAL REPRESENTATIVO DE CONTROVÉRSIA – ART. 543-C, DO CPC – TRIBUTÁRIO – ICMS – IMPORTAÇÃO DE AERONAVE MEDIANTE CONTRATO DE ARRENDAMENTO MERCANTIL (*LEASING*) – NOVEL JURISPRUDÊNCIA DO SUPREMO TRIBUNAL FEDERAL – INTERPRETAÇÃO DO ART. 155, INCISO IX, § 2º, ALÍNEA "A", DA CONSTITUIÇÃO FEDERAL DE 1988 – ART. 3º, VIII, DA LEI COMPLEMENTAR Nº 87/1996.
>
> 1. O ICMS incide sobre a entrada de bem ou mercadoria importados do exterior, desde que atinente a operação relativa à circulação desse mesmo bem ou mercadoria, por pessoa física ou jurídica, ainda que não seja contribuinte habitual do imposto, qualquer que seja a sua finalidade, ex vi do disposto no art. 155, § 2º, IX, "a", da Constituição Federal de 1988, com a redação dada pela Emenda Constitucional 33/2001 (exegese consagrada pelo Plenário do Supremo Tribunal Federal nos autos do RE 461.968/SP, Rel. Ministro Eros Grau, julgado em 30.05.2007, DJ 24.8.2007).
>
> 2. O arrendamento mercantil, contratado pela indústria aeronáutica de grande porte para viabilizar o uso, pelas companhias de navegação aérea, de aeronaves por ela construídas, não constitui operação relativa à circulação de mercadoria sujeita à incidência do ICMS, sendo certo que "o imposto não é sobre a entrada de bem ou mercadoria importada, senão sobre essas entradas desde que elas sejam atinentes a operações relativas à circulação desses mesmos bens ou mercadorias" (RE 461.968/SP).

3. Ademais, revela-se apenas aparente a dissonância entre o aludido julgado e aquele proferido nos autos do RE 206.069-1/SP, da relatoria da Ministra Ellen Gracie, consoante se extrai da leitura do voto-condutor do acórdão da lavra do Ministro Eros Grau, *verbis*:

"E nem se alegue que se aplica ao caso o precedente do RE nº 206.069, Relatora a Ministra Ellen Gracie, no bojo do qual se verificava a circulação mercantil, pressuposto da incidência do ICMS. Nesse caso, aliás, acompanhei a relatora. Mas o precedente disse com a importação de equipamento destinado ao ativo fixo de empresa, situação na qual a opção do arrendatário pela compra do bem ao arrendador era mesmo necessária, como salientou a eminente relatora. Tanto o precedente supõe essa compra que a eminente relatora a certo ponto do seu voto afirma: 'eis porque, em contraponto ao sistema da incidência genérica sobre a circulação econômica, o imposto será recolhido pelo comprador do bem que seja contribuinte do ICMS'. Daí também porque não se pode aplicar às prestadoras de serviços de transporte aéreo, em relação às quais não incide o ICMS, como foi decidido por esta Corte na ADI 1.600." (RE 461.968/SP).

4. Destarte, a incidência do ICMS, mesmo no caso de importação, pressupõe operação de circulação de mercadoria (transferência da titularidade do bem), o que não ocorre nas hipóteses de arrendamento em que há "mera promessa de transferência pura do domínio desse bem do arrendante para o arrendatário".

5. A isonomia fiscal impõe a submissão da orientação desta Corte ao julgado do Pretório Excelso, como técnica de uniformização jurisprudencial, instrumento oriundo do Sistema da *Common Law*, reiterando a jurisprudência desta Corte que, com base no art. 3º, inciso VIII, da Lei Complementar nº 87/1996, propugna pela não incidência de ICMS sobre operação de *leasing* em que não se efetivou transferência da titularidade do bem (circulação de mercadoria), quer o bem arrendado provenha do exterior, quer não.

6. O Superior Tribunal de Justiça pode proceder ao juízo de admissibilidade do recurso especial adesivo reputado prejudicado, uma vez provido o agravo de instrumento contra a decisão denegatória de seguimento do recurso principal (Precedentes do STJ: AgRg no Ag 791.761/RS, Rel. Ministro Og Fernandes, Sexta Turma, julgado em 05.02.2009, DJe 9.3.2009; AgRg no AgRg no REsp 969.880/SP, Rel. Ministra Denise Arruda, Primeira Turma, julgado em 18.09.2008, DJe 29.9.2008; REsp 337.433/PR, Rel. Ministro Antônio de Pádua Ribeiro, Terceira Turma, julgado em 4.11.2003, DJ 1º.12.2003; REsp 264.954/SE, Rel. Ministro Carlos Alberto Menezes Direito, Terceira Turma, julgado em 30.5.2001, DJ 20.8.2001; e REsp 93.537/SP, Rel. Ministro Carlos Alberto Menezes Direito, Terceira Turma, julgado em 4.12.1997, DJ 16.2.1998).

7. Recurso especial adesivo da empresa provido, restando prejudicado o recurso principal manejado pela Fazenda Nacional (que se dirige contra a base de cálculo do ICMS, determinada pelo Juízo a quo). Acórdão submetido ao regime do art. 543-C, do CPC, e da Resolução STJ nº 08/2008.

Sendo assim, no que tange à importação, via arrendamento mercantil financeiro, de aeronaves, peças e equipamentos de aeronaves, a incidência do ISS se torna "menos complexa", pois já foi sacramentado o afastamento do ICMS. Logo, a operação fica aberta para a tributação do ISS, sem qualquer risco de *bitributação*.

Resta, portanto, verificar a incidência do ISS ou do ICMS na importação de "outros bens" (por exclusão, bens distintos de aeronaves, equipamentos e peças para aeronaves), através de arrendamento mercantil financeiro. A decisão do STF no RE n° 206.069 (em prol do ICMS) ainda está valendo? Será que as decisões dadas pelo STF nos RE n° 547.245 e 592.905 (*leasing financeiro* é serviço sujeito ao ISS) não implicaram na mudança de entendimento do STF sobre a tributação do *leasing* internacional?

Entendemos que, a partir dos RE n° 547.245 e 592.905 (dezembro/ 2009), o Supremo Tribunal Federal modificou o entendimento até então dado acerca da importação de bens mediante arrendamento mercantil *financeiro*, no sentido de que essa operação deve ser tratada como *prestação de serviço* sujeita ao ISS, e não ao ICMS.

Por outro lado, quando se tratar de *leasing operacional*, mantêm-se intactas as decisões anteriores, ou seja: a) não incidirá ISS nem ICMS quando o bem importado via *leasing* for aeronave ou peças e equipamentos para aeronaves (RE n° 461.968); b) incidirá o ICMS quando o bem importado não for nenhum daqueles mencionados na hipótese anterior (RE n° 206.069); c) não haverá incidência do ISS no *leasing operacional* porque essa operação não é serviço, mas sim uma modalidade de locação (RE n° 547.245 e n° 592.905).

Com efeito, o art. 155, § 2°, IX, "a", da Constituição Federal (que legitima a cobrança do ICMS nas importações) deve ser interpretado e aplicado em conjunto com a sua alínea "b", segundo a qual o ICMS incidirá *"sobre o valor total da operação, quando mercadorias forem fornecidas com serviços não compreendidos na competência dos Municípios"*.

Em outras palavras, o ICMS não incide quando o fornecimento de mercadorias se der com serviços sujeitos ao ISS, como é exatamente o caso do arrendamento mercantil financeiro. Especificando ainda mais esse dispositivo para o assunto em comento, o ICMS não incide quando a entrada do bem importado se der juntamente com serviços sujeitos ao ISS.

Reforça ainda mais esse nosso entendimento o art. 1°, § 2° da LC n° 116/2003:

> § 2º Ressalvadas as exceções expressas na lista anexa, os serviços nela mencionados não ficam sujeitos ao Imposto Sobre Operações Relativas à Circulação de Mercadorias e Prestações de Serviços de Transporte Interestadual e Intermunici-

pal e de Comunicação – ICMS, ainda que sua prestação envolva fornecimento de mercadorias.

Com efeito, nas chamadas "operações mistas" (atividades que envolvem serviços e fornecimento de mercadorias ou materiais), tanto o STF como o STJ vêm se pautando na Lista de Serviços do ISS (lei complementar): a) se o serviço está na lista, incide somente o ISS sobre o valor total da operação; a não ser que a própria lei complementar excepcione a tributação do ICMS (casos dos subitens 7.02, 7.05, 9.01, 14.01); b) se o serviço não está na lista, incidirá somente o ICMS, sobre o valor total da operação.

Neste diapasão, assim julgou o Supremo Tribunal Federal no RE n° 114.795 e n° 129.877, relator Ministro Ilmar Galvão:

> Na verdade, o que se verifica é que o legislador, diante da dificuldade que se oferecia, nessas operações mistas, para a distinção entre mercadoria e serviço, indispensável à dupla tributação, adotou a unicidade, mediante critério, de nítido caráter compensatório, pelo qual os serviços relacionados, ainda que acompanhados de fornecimento de mercadorias, são tributados pelo ISS, enquanto o fornecimento de mercadorias, com prestação de serviços não relacionados, fica sujeito ao ICMS, considerado, em ambos os casos, o valor total da operação.
>
> O fornecimento de alimentação e bebidas, para consumo no próprio estabelecimento, caso de restaurantes, bares, boates, etc., compreende-se na hipótese de mercadoria fornecida com prestação de serviços, pelo singelo motivo de que não se acham relacionados em lei complementar, como exigido pela Constituição (art. 156, IV), os serviços envolvidos na operação, prestados por cozinheiros, maitres e garçons. Assim, sendo, sem que haja espaço para a mínima dúvida, estão sujeitos ao ICMS.

E o STJ segue a mesma trilha, como se verifica no REsp n° 881.035, n° 1.092.206, n° 882.526, n° 732.496, dentre outros:

> Segundo decorre do sistema normativo específico (art. 155, II, § 2º, IX, "b" e 156, III da CF, art. 2º, IV da LC nº 87/1996 e art. 1º, § 2º da LC nº 116/2003), a delimitação dos campos de competência tributária entre Estados e Municípios, relativamente à incidência de ICMS e de ISSQN, está submetida aos seguintes critérios: (a) sobre operações de circulação de mercadoria e sobre serviços de transporte interestadual e internacional e de comunicações incide ICMS; (b) sobre operações de prestação de serviços compreendidos na lista de que trata a LC nº 116/2003, incide ISSQN; e (c) sobre operações mistas, assim entendidas as que agregam mercadorias e serviços, incide o ISSQN sempre que o serviço agregado estiver compreendido na lista de que trata a LC nº 116/2003 e incide ICMS sempre que o serviço agregado não estiver previsto na referida lista. Precedentes de ambas as Turmas do STF.

Ademais, não há *lógica* alguma em separar o *leasing* internacional do *leasing* nacional, no sentido de atribuir a um (importação) a característica de circulação de mercadoria e, ao outro (nacional), a de prestação de serviço.

Noutro giro, também não vemos como se admitir a tributação *simultânea* do ICMS e do ISS, já que são impostos necessariamente excludentes, por força do art. 155, § 2º, IX, "b", da Constituição Federal, transcrito anteriormente.

Sendo assim, defendemos a tributação do ISS sobre o arrendamento mercantil financeiro, mesmo nas importações, não se aplicando mais o que fora decidido pelo STF no RE nº 206.069. Agora, com relação à importação, via *leasing financeiro*, de aeronaves, peças e equipamentos de aeronaves, o assunto está muito mais "tranquilo" em prol dos Municípios, eis que o STF, no RE nº 461.968, já havia afastado o ICMS sobre tais operações.

Por fim, no tocante ao local de ocorrência do fato gerador do ISS nas operações de *leasing* internacional, deve ser aplicado o art. 3º, inciso I, da Lei Complementar nº 116/2003, ou seja, o ISS será devido no local *"do estabelecimento do tomador ou intermediário do serviço ou, na falta de estabelecimento, onde ele estiver domiciliado"*. Logo, pelo menos no que tange ao elemento espacial do ISS nestas operações de importação via *leasing financeiro*, não há motivos para polemizar onde o imposto é devido.

4.2. Elemento temporal

O momento de incidência do ISS nas operações de *leasing* é a *data do vencimento de cada prestação mensal ajustada no contrato*. No nosso entender, o arrendamento mercantil é um "serviço" (contrato) de duração continuada, o qual se protrai no tempo até o final da contratação.

Com efeito, todos os doutrinadores pesquisados confirmam que o contrato de arrendamento mercantil é contrato classificado como *de duração continuada*. Arnaldo Rizzardo, em seu livro *Leasing*, 3ª ed., São Paulo: Revista dos Tribunais, 1997, p. 63, traz essa lição com bastante objetividade:

> As obrigações, quanto ao seu cumprimento, podem ser instantâneas (de trato único), ou duradouras (de trato sucessivo). No *leasing*, as prestações do devedor se prolongam por certo período de tempo. Satisfará ele o preço ao longo de um prazo, mas de forma periódica, sendo, pois, o contrato de execução sucessiva periódica. Com respeito à empresa, a obrigação imposta não se resume ao mero financiamento, mas se estende no futuro, mantendo e assegurando o gozo dos bens pelo usuário durante o tempo do contrato, de maneira continuada. Sua prestação é, assim, de execução sucessiva continuada.

Vale advertir que o ISS deverá incidir mesmo se *não* houver o pagamento, ou seja, em caso de inadimplência. Cabe a aplicação normal do *regime de competência*, ou seja, data em que nasceu o *direito ao respectivo crédito*, levando-se o nascimento da obrigação tributária do ISS para o dia do vencimento da parcela desse *financiamento*-serviço.

Sobre a irrelevância da efetiva adimplência do contrato para a cobrança do imposto, cite-se o AgReg nº 228.337 do STF, no qual foi julgado que a ocorrência do fato gerador do ISS *independe* da realização efetiva do pagamento do respectivo preço.

Esse comentário, vale frisar, é válido apenas quando o contrato não for rescindido pelo atraso no pagamento por parte da arrendatária (tomadora do serviço).

A propósito, a inadimplência pode provocar a rescisão do contrato de arrendamento mercantil, sendo, inclusive, a sua causa rescisória mais comum. Conforme ensina José Francisco Lopes de Miranda Leão, uma vez

> verificada a ocorrência de inadimplemento que provoque a extinção da relação jurídica, a primeira obrigação a ser cumprida pelo arrendatário consiste na restituição ao arrendador do bem objeto do contrato, o que é uma decorrência natural do direito de propriedade deste último e do desaparecimento do justo título de posse de que o arrendatário dispunha.[66]

Dessa forma, uma vez rescindido o contrato (por inadimplência ou qualquer outro motivo), o ISS não incidirá mais sobre as parcelas não pagas, já que esse contrato – de duração continuada – não estará mais sendo executado. Faltará, a partir de então, o fato gerador do imposto municipal.

Por consequência, os contribuintes poderão invocar em suas avaliações contraditórias (art. 148 do CTN) administrativas ou judiciais a ocorrência de rescisões contratuais para desqualificar os trabalhos fiscais de arbitramento. Logo, é recomendável que o Fisco Municipal peça, em suas notificações ou intimações fiscais, informações dessa natureza, ou seja, que o contribuinte apresente, identifique e comprove a ocorrência de rescisões contratuais. Uma vez prestadas tais informações, o Fisco deverá considerá-las quando do levantamento fiscal por arbitramento (ou, até mesmo, sem arbitramento, já que, em tais casos, os contratos serão demonstrados). Caso contrário, o ônus da prova ficará com os contribuintes.

---

[66] *Leasing – O Arrendamento Financeiro.* 2ª ed., São Paulo: Malheiros, p. 68.

Para fins de conferência do prazo *decadencial* (art. 173 do CTN), o fato do ISS incidir sobre as prestações mensais do arrendamento mercantil leva à conclusão de que a incidência do imposto não se restringirá *apenas* aos *contratos celebrados nos últimos cinco anos*. Na verdade, a fiscalização tributária municipal poderá buscar as *prestações mensais vencidas nos últimos cinco anos*. Isso envolverá, pois, contratos celebrados *há mais de cinco anos*, cujas prestações venceram nos últimos cinco anos.

Exemplificando, imaginemos uma fiscalização iniciada em 2017 e, portanto, com poder para lançar imposto ocorrido (= prestações vencidas) desde 1º.1.2012 (art. 173, I, CTN). O ISS poderá incidir, como dito, sobre as prestações vencidas em contratos de *leasing* desde 1º.1.2012, e não apenas sobre os contratos celebrados nesse período. Dessa forma, um contrato celebrado em 2010, por exemplo, que teve prestações vencidas nesse período (*v.g.*, um *leasing* feito em 36 meses), poderá entrar normalmente nessa fiscalização hipotética.

Esse ponto também deverá ser levado em conta pela Administração Tributária, no instante de preparar as notificações e de indicar os documentos e informações que o sujeito passivo deverá lhe prestar. Mais ainda: quando do *arbitramento*, esse ponto também deverá ser devidamente pontuado pela Administração Tributária.

Por outro lado, a exigência antecipada do ISS sobre o valor integral do contrato acaba caindo em *ilegalidade*, uma vez que apenas *parte* do fato gerador do serviço terá ocorrido e, somente nesta parte, será exigível.[67]

Com a alteração trazida pela LC 157/2016 no local de ocorrência do ISS sobre o *leasing*, pode ser levantada uma dúvida acerca da incidência deste novo critério (do destino, local do domicílio do *tomador* do serviço) para os contratos celebrados antes da vigência e da eficácia das leis municipais que atualizaram e compatibilizaram suas regras à nova legislação.

Obviamente, não haverá nenhum óbice para a aplicação do novo critério espacial da regra-matriz de incidência do ISS para tais contratos, sem qualquer violação ao princípio da irretroatividade.

---

[67] Não concordamos com a aplicação do art. 150, § 7º, da Constituição Federal para o ISS, pois entendemos que a apelidada "substituição tributária para frente" (cujos fatos geradores são presumidos, até porque se referem a eventos futuros e incertos: eventual revenda da mercadoria, possível valor de revenda, etc.) somente se aplica aos tributos sujeitos sobre operações de produção e venda de mercadorias, não alcançando os serviços (logo, o ISS).

Com efeito, como o momento de ocorrência do fato gerador do ISS sobre o arrendamento mercantil se dá mensalmente, durante a execução do contrato, a nova legislação municipal não estará incidindo sobre fatos pretéritos, ainda que o instrumento contratual (documento) tenha sido assinado anteriormente.

4.2.1. Arbitramento e momento de ocorrência do fato gerador

A conclusão de que o ISS incide sobre as (cada uma delas) prestações mensais vencidas durante o contrato, e não no início ou apenas no final do contrato, poderá trazer sérias discussões no plano do *arbitramento* fiscal, uma vez que muitos Municípios poderão fundamentar o lançamento do ISS simplesmente com base em dados fornecidos pelo DETRAN (CIRETRAN) ou por concessionárias e revendedores de veículos.

Em tais arbitramentos, os Municípios cobrarão o imposto levando em conta o valor total do veículo e como termo de ocorrência do fato gerador *o momento da transferência ou da emissão da nota de venda*. Enfim, o ISS estará sendo 100% cobrado em *um* momento *único*, ou seja, antecipadamente, e não fragmentado em períodos que respeitem o prazo do financiamento (24, 48, 60 vezes).

Diante disso, os sujeitos passivos poderão ter essa "arma" (ou alegação) na mão para desfigurar a razoabilidade do trabalho fiscal. Aliás, se a fiscalização somente tiver requisitado junto aos contribuintes informações relativas aos *contratos celebrados nos últimos cinco anos*, ou, ainda, se a Administração Tributária Municipal pedir para as instituições financeiras (contribuintes) se pronunciarem exclusivamente em torno desses contratos (celebrados nos últimos cinco anos), entendemos que haverá cobrança a maior de imposto e, principalmente, de juros e correção monetária nesse respectivo lançamento de ofício.

Com efeito, se a fiscalização se restringir aos contratos *celebrados* nos últimos cinco anos, qualquer lançamento tributário somente poderá levar em conta tais contratos. O parâmetro passará a ser os contratos em si mesmo. Logo, deverá haver o respeito ao elemento temporal do ISS, impedindo uma tributação antecipada, na origem do contrato.

No entanto, o Fisco Municipal que possuir apenas os documentos decorrentes de operações *celebradas* nos últimos cinco anos também poderão defender em seu arbitramento (baseado nos valores registrados no momento da transferência do veículo ou da emissão das notas), que os valores arbitrados levaram em consideração a existência de (inúmeros outros) contratos *celebrados há mais de cinco anos*, mas que tiveram suas *prestações vencidas dentro desse prazo*.

Em breves palavras, esses *contratos celebrados nos últimos cinco anos* não devem ser tratados como únicos *fatos geradores do arbitramento* do ISS. A Administração não deve reputar esses contratos como os únicos que estão sendo considerados na referida fiscalização. Conforme explicado, isso dá azo para os contribuintes derrubarem a cobrança, que estaria desassociada do elemento temporal do fato gerador do ISS (cobrança antecipada do imposto) e, ainda, dos princípios constitucionais da ampla defesa, do contraditório e do devido processo legal (art. 5°, LIV e LV, CF).

Na verdade, *esses contratos celebrados nos últimos cinco anos* merecem tratamento de meros *valores de referência* para o arbitramento, devendo ser expressamente esclarecido que o trabalho fiscal está apurando o imposto com total respeito ao seu momento de ocorrência, levando em conta *não apenas esses contratos celebrados nos últimos cinco anos*, mas, também, todos os *contratos celebrados anteriormente, cujos vencimentos se deram nos últimos cinco anos.*

Para tanto, é necessário esclarecer esse ponto de vista nas notificações e intimações fiscais, e, mais ainda, no próprio relatório do auto de infração.

Destarte, é importante enquadrar corretamente esses *contratos celebrados nos últimos cinco anos,* quando do arbitramento: eles não devem ser tratados como "fatos geradores do ISS", mas sim como simples "valores de referência para o arbitramento". Logo, na prática, o Município estará tributando inclusive contratos celebrados há mais de cinco anos, porém vencidos nos últimos cinco anos, aumentando o número de contratos abrangidos, com total respeito ao aspecto temporal do ISS, qual seja: o momento de vencimento das parcelas do arrendamento mercantil.

Conforme já adiantado no subitem anterior, também poderão servir como motivo válido para a contestação dos valores arbitrados eventuais rescisões contratuais que foram (supostamente) incluídas no trabalho fiscal, até porque elas realmente devem ser afastadas da tributação.

De um lado, é óbvio que o Município somente poderá considerá-las a partir de informações e documentos entregues pelo contribuinte. Para tanto, é *fundamental* que a fiscalização requisite tais informações e documentos, sob pena de ferir o devido processo legal, contraditório e ampla defesa. Ou, ainda, na hipótese do contribuinte, *a posteriori*, comprovar satisfatoriamente essas rescisões, o arbitramento certamente ficará enfraquecido e terá que ser reduzido nesta parte. Além disso, a ausência de tais requisições implicará uma presunção de que o arbitramento não levou em conta essa possibilidade de existirem contratos rescindidos.

Do outro lado, também é óbvio que, uma vez requisitados pelo Fisco Municipal os documentos e informações relacionados à rescisão contratual, porém, não fornecidos pelo sujeito passivo, o ônus da prova recairá exclusivamente contra este. Para afastar as rescisões da incidência do ISS, ele terá, neste caso, que juntar os documentos correspondentes.

Uma vez juntados os documentos sobre a rescisão contratual, é recomendável a lavratura de um auto de infração "a parte" (no que tange, é claro, aos períodos em que o contrato ainda estava sob execução), pois o Fisco não precisará do (nem poderá mais fazer o) arbitramento, na medida em que terá elementos suficientes para tributar de acordo com os valores reais do contrato.[68]

4.3. Elementos pessoais

Os Municípios e o Distrito Federal são os sujeitos ativos do ISS incidente sobre a atividade de arrendamento mercantil. Mas *qual* Município? Aí que está o problema ou um dos principais dilemas atinentes à tributação do *leasing*, a título de ISS. Seria o Município onde se situa a *sede da arrendadora*? Ou o *local onde os serviços são prestados* (onde o bem arrendado é disponibilizado), como assim havia pacificado o STJ na vigência do Decreto-Lei nº 406/1968? Aprofundando ainda mais a questão, perguntamos: mas, afinal de contas, *onde* é prestado o serviço? Percebe-se, assim, que esse elemento *pessoal* está intimamente correlacionado com o elemento *espacial* da regra-matriz de incidência do ISS.

Em sua redação original, o ISS sobre o *leasing* era devido para o Município do *estabelecimento prestador*, isto é, estava na regra do *caput* do art. 3º. A polêmica, então, residia em definir este "estabelecimento prestador", uma vez que a definição do art. 4º da mesma Lei Complementar nº 116/2003 não serve para uma aferição clara

---

[68] O arbitramento será explorado mais adiante. No entanto, entendemos ser mais apropriado tratar desses assuntos neste item do elemento temporal, por guardar uma correspondência melhor, ou seja, para fins puramente didáticos.

sobre isso, tanto que vários Municípios reclamaram para si a competência para a cobrança do imposto sobre o arrendamento mercantil, utilizando-se do critério da *sede* da arrendadora mercantil ou da identificação do estabelecimento prestador nas revendedoras de veículos ou instituições financeiras onde o negócio era entabulado na prática.

Após longos anos de discussão, a Primeira Seção do Superior Tribunal de Justiça, no famoso *leading case* do RESP nº 1.060.210, pacificou o entendimento de que o ISS é devido no local da *sede* da arrendadora, onde o contrato é *perfectibilizado*.

Como esse assunto da sujeição *ativa* está intimamente ligada ao aspecto espacial do fato gerador do imposto, trataremos desse assunto mais adiante.

Por outro lado, quanto à sujeição passiva da obrigação tributária, nos termos dos arts. 1º e 6º, parágrafo único, ambos da Resolução CMN nº 2.309/1996, as operações de arrendamento mercantil somente podem ser realizadas:

- por pessoas jurídicas que tenham como objeto principal a prática de operações de arrendamento mercantil, tendo em sua razão social, obrigatoriamente, a expressão "arrendamento mercantil" (sociedades de arrendamento mercantil);
- pelos bancos múltiplos com carteira de arrendamento mercantil;
- por outras instituições financeiras, tais como bancos de investimento, bancos de desenvolvimento, caixas econômicas e sociedades de crédito imobiliário, quando a operação for contratada com o próprio vendedor do bem (*lease-back*) ou com pessoa a ele coligada ou interdependente, e somente na modalidade de arrendamento mercantil financeiro.

Tais pessoas jurídicas, portanto, estarão no polo passivo da obrigação tributária em questão, na condição de *contribuintes* (prestadoras de serviços, conforme art. 5º da LC nº 116/2003). Porém, "terceiros" poderão ser eleitos como *responsáveis tributários*, como demonstraremos na sequência.[69]

4.3.1. Substituição tributária

---

[69] Vale a pena recordar as definições trazidas pelo art. 121 do CTN a respeito de *contribuinte* e *responsável tributário*: "Art. 121. Sujeito passivo da obrigação tributária principal é a pessoa obrigada ao pagamento de tributo ou penalidade pecuniária. Parágrafo único. O sujeito passivo da obrigação principal diz-se: I – contribuinte, quando tenha relação pessoal e direta com a situação que constitua o respectivo fato gerador; II – responsável, quando, sem revestir a condição de contribuinte, sua obrigação decorra de disposição expressa de lei".

Com arrimo no art. 6º da Lei Complementar nº 116/2003, bem como, diretamente, no art. 128 do *Codex* Tributário Nacional, a *lei municipal* pode eleger as pessoas físicas e jurídicas *arrendatárias* como *substitutas (responsáveis) tributárias* do ISS nas operações de *leasing*, alterando, pois, o polo passivo da obrigação: ao invés do prestador do serviço (arrendadores, na condição de contribuintes), o Município pode inserir os *tomadores de serviços (arrendatários)* como sujeitos passivos da obrigação tributária.

Convém, nesta hipótese, escolher apenas as pessoas *jurídicas*, já que é muito difícil fiscalizar as inúmeras pessoas *físicas* contratantes do arrendamento. Sem qualquer exagero, a instituição de responsabilidade tributária para as arrendatárias pessoas *físicas* poderia, até mesmo, incorrer em inconstitucionalidade por desrespeito aos princípios da *proporcionalidade* e *razoabilidade*.[70]

Essa medida traz algumas consequências interessantes nos campos prático e jurídico para os Municípios, quais sejam:

- inversão no ônus de ajuizar ação judicial, a partir do momento em que as arrendatárias fizerem as retenções nos pagamentos das instituições financeiras: as arrendadoras é quem teriam que tomar a iniciativa para barrar essa cobrança, e, por via reflexa, a retenção sobre os seus recebimentos mensais. O Município não teria mais que *correr atrás* do arrendador que, na esmagadora maioria das vezes, está sediado em outra cidade. Os arrendatários também têm legitimidade *ad causam* para fugir da substituição tributária;

- alteração da legitimidade para pedir eventual restituição de indébito: somente os *arrendatários* teriam esse direito, à luz do que dispõe o art. 166 do CTN, conforme remansosa jurisprudência do STJ;[71]

---

[70] Em sua obra *Capacidade colaborativa – princípio de Direito Tributário para obrigações acessórias e de terceiros*, Porto Alegre, Livraria do Advogado, 2014, p. 47, o Prof. Leandro Paulsen ensina que "no RE 603.191, julgado em agosto de 2011, o Plenário do STF assentou que a norma de substituição tributária 'estabelece a relação de colaboração entre outra pessoa e o fisco, atribuindo-lhe o dever de recolher o tributo em lugar do contribuinte' e que 'há os limites à própria instituição do dever de colaboração que asseguram o terceiro substituto contra o arbítrio do legislador'. E segue: 'a colaboração dele exigida deve guardar respeito aos princípios da razoabilidade e da proporcionalidade, não se lhe podendo impor deveres inviáveis, excessivamente onerosos, desnecessários ou ineficazes".

[71] REsp nº 2009/0059347-3 (julgado de conformidade com o sistema dos "recursos repetitivos" do art. 543-C, do CPC): "TRIBUTÁRIO – RECURSO ESPECIAL REPRESENTATIVO DE CONTROVÉRSIA – ART. 543-C, DO CPC – ISS – LOCAÇÃO DE BENS MÓVEIS – REPETIÇÃO DE INDÉBITO – PROVA DA NÃO REPERCUSSÃO – EXIGIBILIDADE, IN CASU – ART. 166 DO CTN. 1. O ISS é espécie tributária que admite a sua dicotomização como tributo direto ou indireto, consoante o caso concreto. 2. A pretensão repetitória de valores indevidamente recolhidos a título de ISS incidente sobre a locação de bens móveis (cilindros, máquinas e equipamentos utilizados para acondicionamento dos gases vendidos), hipótese em que o tributo assume natureza indireta, reclama da parte autora a prova da não repercussão, ou, na hipótese de ter a mesma transferido o encargo a terceiro, de estar autorizada por este a recebê-los, o que não ocorreu *in casu*, consoante dessume-se do seguinte excerto da sentença, *in verbis*: "Com

- mudança do *foro competente* para ajuizamento da execução fiscal: como as tomadoras substitutas estão sediadas em seu próprio território, em caso de não haver o pagamento do ISS que deveria ter sido retido e recolhido ao Erário Municipal, o Município executará o imposto diretamente em face do tomador inadimplente e em seu foro de jurisdição, não precisando se deslocar para outra cidade;
- caso haja a retenção do ISS por parte da tomadora substituta, o seu não pagamento (repasse) configura, em tese, crime contra a ordem tributária capitulado no art. 2º, II, da Lei nº 8.137/1990. Com isso, a *pressão* sobre o responsável tributário acaba sendo muito maior.

A previsão da substituição ou retenção na fonte obriga o sujeito passivo indireto (arrendatário) a negociar o ISS diretamente com a arrendadora, forçando, pois, a quitação regular do imposto.

Não havendo o pagamento e nem mesmo a retenção do ISS devido em tal hipótese, teria o arrendatário que arcar com o gravame às suas próprias expensas e, posteriormente, pleitear indenização contra a arrendadora. Quando não houver a retenção, caberia a *solidariedade* entre ambos.

Por outro lado, a Administração Tributária Municipal deve fiscalizar as *suas* arrendatárias locais, no intuito de obter os valores *exatos* (reais) do "financiamento". No caso das arrendatárias pessoas jurídicas, os contratos de *leasing* estarão contabilizados e, assim, passíveis de verificação por parte da fiscalização, o que, neste caso, até mesmo dispensaria o arbitramento.

Todavia, essa técnica da substituição tributária poderá ser afastada ou satisfatoriamente trocada por uma obrigação tributária acessória de alcance nacional, que facilite o cumprimento não apenas de um dever instrumental, mas sobretudo do pagamento do tributo (obrigação principal).

---

efeito, embora pudesse o autor ter efetuado a prova necessária, que lhe foi facultada, deixou de demonstrar que absorveu o impacto financeiro decorrente do pagamento indevido do ISS sobre a operação de locação de móveis, ou que está autorizado a demandar em nome de quem o fez. Omitiu prova de que tenha deixado de repassar o encargo aos seus clientes ou que tenha autorização destes para buscar a repetição, conforme exigência expressa inscrita no art. 166 do CTN.' 3. Precedentes: REsp nº 1009518/RS, Rel. Ministra ELIANA CALMON, SEGUNDA TURMA, julgado em 6.8.2009, DJe 21/08/2009; AgRg no AgRg no REsp nº 947.702/RJ, Rel. Ministro MAURO CAMPBELL MARQUES, SEGUNDA TURMA, julgado em 4.8.2009, DJe 17.8.2009; AgRg no REsp nº 1006862/SC, Rel. Ministro HUMBERTO MARTINS, SEGUNDA TURMA, julgado em 26.8.2008, DJe 18.9.2008; REsp nº 989.634/PR, Rel. Ministro LUIZ FUX, PRIMEIRA TURMA, julgado em 19.6.2008, DJe 10.1./2008; AgRg no REsp nº 968.582/SC, Rel. Min. FRANCISCO FALCÃO, DJU de 18.10.2007; AgRg no Ag nº 692.583/RJ, Rel. Min. DENISE ARRUDA, DJU de 14.11.2005; REsp nº 657.707/RJ, Rel. Min. JOSÉ DELGADO, DJU de 16.11.2004). 4. Recurso especial desprovido. Acórdão submetido ao regime do art. 543-C do CPC e da Resolução STJ nº 08/2008."

Nesse diapasão, há um projeto de lei complementar no Congresso Nacional prevendo a criação de um padrão nacional para o recolhimento do ISS sobre o *leasing* (e também, sobre plano de saúde e administração e os serviços do subitem 15.01, que contempla a administração ode cartões). Abordamos esse projeto de lei complementar no subitem 8.2 desta obra. Se for aprovado esse projeto de lei, os Municípios ficarão impedidos de criar suas próprias obrigações acessórias sobre tais atividades.

4.4. Elemento espacial

4.4.1. Local de ocorrência na redação original da LC 116/2003: definição do "estabelecimento prestador".
RESP 1.060.210 do STJ.

Conforme já explicado anteriormente, depois da discussão em torno da *constitucionalidade* da cobrança do ISS sobre o *leasing*, os Municípios precisaram enfrentar um novo *round* nessa disputa tributária, relativamente à definição do local de ocorrência do imposto sobre tal atividade.

Como efeito, no texto original da Lei Complementar n° 116/2006, o ISS sobre o *leasing* deve incidir no local do "estabelecimento prestador", uma vez que tal serviço não estava excepcionado pelos incisos do art. 3° da LC n° 116/2003. Apenas no caso do *leasing*-importação, o imposto é indiscutivelmente devido no local *"do estabelecimento do tomador ou intermediário do serviço ou, na falta de estabelecimento, onde ele estiver domiciliado"*, de acordo com o art. 3°, I, da LC n° 116/2003.[72]

Inicialmente, na tentativa de afastar o imposto para os municípios ondem estavam as sedes das arrendadoras (geralmente, nos municípios pejorativamente chamados de *paraísos fiscais*, na medida em que preveem alíquotas e cargas tributárias inferiores a 2%), invocava-se a antiga jurisprudência do STJ (*v.g.*, EREsp n° 130.792, EmbDiv no REsp n° 168.023) em prol do princípio da *territorialidade*, segundo o qual o ISS era sempre devido no local da prestação.

No entanto, o próprio STJ reviu tal posicionamento, como se denota do REsp n° 1.119.517 da 2ª Turma do STJ, dentre vários

---

[72] Quanto ao *leasing* internacional, ver o subitem 4.1.3, onde abordamos esse assunto específico.

outros julgados.[73] Com isso, foram derrubadas judicialmente as cobranças municipais que pretenderam se valer *apenas* daquele posicionamento antigo (e já ultrapassado) do STJ.

Em contrapartida, buscou-se uma nova tese ou argumento que sustentasse a pulverização da cobrança do ISS, a partir do próprio conceito legal de *estabelecimento prestador* para fins de ISS, trazido pelo art. 4º da LC nº 116/2003:

> Art. 4º. Considera-se estabelecimento prestador o local onde o contribuinte desenvolva a atividade de prestar serviços, de modo permanente ou temporário, e que configure unidade econômica ou profissional, sendo irrelevantes para caracterizá-lo as denominações de sede, filial, agência, posto de atendimento, sucursal, escritório de representação ou contato ou quaisquer outras que venham a ser utilizadas. (grifos nossos)

Pois bem, segundo o dispositivo retrotranscrito, *estabelecimento prestador* não é necessariamente a *sede* da empresa, nem tampouco a filial rigorosamente formalizada. Também não é imprescindível para a caracterização do *estabelecimento prestador* a presença de máquinas, equipamentos, vários funcionários, grande estrutura, etc. Basta, apenas, que se verifique no município um *ponto de contato ou posto de atendimento*. Interpretando tais expressões, chegava-se à conclusão de que, para a caracterização de estabelecimento prestador, bastaria a existência de um centro habitual de ocupações, ainda que temporário, isto é, que o contribuinte mantenha em determinado local uma "porta aberta" ao público com ânimo de permanência (de ali se "estabelecer").

Por consequência, poderia ser tratado como estabelecimento do prestador o local onde ele presta "atendimento", faz "contato" ou "se faz representado". No caso do arrendamento mercantil, conforme já passado anteriormente, esses atendimentos, contatos e representações se dão nas agências bancárias locais, e não da sede da arrendadora. Isto também ocorre nas concessionárias e revendedoras de veículos.

---

[73] 1ª Seção do STJ: REsp nº 1.117.121: "TRIBUTÁRIO – ISS – PRESTAÇÃO DE SERVIÇO – CONSTRUÇÃO CIVIL – PROJETO, ASSESSORAMENTO NA LICITAÇÃO E GERENCIAMENTO DA OBRA CONTRATADA – COMPETÊNCIA DO MUNICÍPIO ONDE SE REALIZOU O SERVIÇO DE CONSTRUÇÃO – CONTRATO ÚNICO SEM DIVISÃO DOS SERVIÇOS PRESTADOS. 1. A competência para cobrança do ISS, sob a égide do DL nº 406/1968 era a do local da prestação do serviço (art. 12), o que foi alterado pela LC nº 116/2003, quando passou a competência para o local da sede do prestador do serviço (art. 3º). 2. Em se tratando de construção civil, diferentemente, antes ou depois da lei complementar, o imposto é devido no local da construção (art.12, letra 'b' do DL nº 406/1968 e art. 3º, da LC nº 116/2003). 3. Mesmo estabeleça o contrato diversas etapas da obra de construção, muitas das quais realizadas fora da obra e em município diverso, onde esteja a sede da prestadora, considera-se a obra como uma universalidade, sem divisão das etapas de execução para efeito de recolhimento do ISS."

Ainda nessa esteira de raciocínio, não importaria a grandiosidade do estabelecimento ou mesmo se o serviço é efetivamente nele prestado. O que tem relevo é o regular e habitual *contato* mantido em determinado município, visando à contratação dos serviços. Para a grande maioria dos consumidores (tomadores) do *leasing*, a agência bancária ("estabelecimento") *aparenta* ser o estabelecimento do próprio arrendador.

Com efeito, essa interpretação se aplicaria com o contrato de *leasing*, no qual a agência bancária local *aparenta* ser a própria empresa de arrendamento mercantil, bem como porque é onde diversos serviços inerentes ao contrato são realizados para o arrendatário ou para a arrendadora (aquisição do bem arrendado, intermediação com o vendedor do bem, contato, atendimento, etc., estudos, oferecimento e entrega da proposta, etc.). Caracterizado estaria, pois, o estabelecimento prestador em cada agência situada no território do município.

Ora, o *arrendador* ("principal" prestador do serviço de arrendamento mercantil) desenvolve essa sua operação financeira no estabelecimento bancário local (agência), através de pessoal e infraestrutura do "banco-parceiro" (com quem tem íntimas ligações jurídicas e financeiras), de modo permanente, inclusive, já que os seus clientes (arrendatários) podem, a qualquer tempo, deslocarem até essas agências para serem atendidos, fazerem contatos e, mais ainda, celebrarem os respectivos contratos.

Por outro lado, também estaria presente a exigida "unidade econômica ou profissional". Além de materiais publicitários (cartazes, panfletos) e de documentos afetos ao *leasing*, essas agências bancárias locais possuem acessos *diretos* ao sistema de informática da sociedade arrendadora.

No campo jurisprudencial, em 13.10.2009 (curiosamente, poucos dias após a decisão do STF em prol da constitucionalidade da cobrança em foco), a 2ª Turma do Superior Tribunal de Justiça, no EDcl no AgReg no Agravo de Instrumento nº 1.019.143, relator Ministro Herman Benjamin, decidiu que o ISS sobre o arrendamento mercantil é devido no local onde o serviço foi efetivamente prestado (município da arrendatária), e não na sede da sociedade de arrendamento mercantil (arrendadora).

Essa decisão repetiu *ipsis literis* os julgados que já existiam à luz do Decreto-Lei nº 406/1968. Aliás, aqui está o ponto positivo da referida decisão: houve enfrentamento expresso do art. 3º da Lei

Complementar nº 116/203; logo esse precedente já se refere ao período pós-LC nº 116 (2004 em diante).

O Tribunal entendeu que, para este serviço ("financiamento--serviço"), não houve nenhuma alteração da LC nº 116/2003 com relação ao DL nº 406/1968.

O acórdão ganhou a seguinte ementa (aliás, um pouco confusa):

TRIBUTÁRIO – PROCESSUAL CIVIL – EMBARGOS DECLARATÓRIOS – OMISSÃO CONFIGURADA – ISS – ARRENDAMENTO MERCANTIL – COMPETÊNCIA PARA COBRANÇA DO TRIBUTO – FATO GERADOR – MUNICÍPIO DO LOCAL DA PRESTAÇÃO DO SERVIÇO.

1. A jurisprudência do STJ firmou-se no sentido de que competente para a cobrança do ISS é o município em que ocorre a prestação do serviço, ou seja, onde se concretiza o fato gerador.

2. Na hipótese, discutem-se fatos geradores posteriores à LC nº 116/2003, o que não altera a sorte da demanda, pois a LC nº 116/2003 determina, em caso de arrendamento mercantil, que "o serviço considera-se prestado e o imposto devido no local do estabelecimento prestador" (art. 3º, *caput*, c/c o item 15.09 da lista anexa), a exemplo do que era previsto pelo DL nº 406/1968 (art. 12, "a").

3. Dito de outra forma, as exceções à regra geral prevista no caput do art. 3º da LC nº 116/2003 (ISS devido no local do estabelecimento prestador), apesar de mais numerosas e amplas que aquelas previstas no DL 406/1968 (art. 12, "b" e "c"), não abarcam o arrendamento mercantil (art. 3º, incisos I a [sic] XII, da LC nº 116/2003).

Veja que esse item 3 do acórdão pode gerar uma falsa impressão de que o STJ teria dado ganho de causa para a sociedade arrendadora, pois ficou consignado que o arrendamento mercantil não se encontra nas exceções dos incisos I a "XII" (*rectius*: "XXII"). Mas, o que o STJ quis realmente dizer é que o "estabelecimento prestador", no caso do *leasing*, é aquele onde houve o fechamento do contrato, o acordo de vontades.

O seguinte trecho do voto do ministro relator ajuda a entender melhor (corretamente) essa decisão:

A jurisprudência do STJ é firme no sentido de que o Município competente para a cobrança do ISS é aquele em cuja esfera territorial se realizou o fato gerador, e não aquele onde se encontra a sede do estabelecimento prestador, em homenagem ao princípio constitucional implícito que atribui àquela esfera política o poder de tributar os serviços ocorridos em seu território.

Entretanto, a Primeira Seção do STJ acabou alterando o seu entendimento, ao definir que, à luz da redação original da Lei Complementar nº 116/2003, o local de incidência do ISS sobre o *leasing* ("estabelecimento prestador") é o do Município onde a arrendadora mercantil possua estabelecimento apto a decidir sobre a liberação do financiamento.

É o que se extrai do célebre (e extenso) RE 1.060.210/SC, relator Ministro Napoleão Nunes Maia Filho, j. 28.11.2012, DJe de 05.03.2013:

> RECURSO ESPECIAL. TRIBUTÁRIO. EMBARGOS À EXECUÇÃO FISCAL. INCIDÊNCIA DE ISS SOBRE ARRENDAMENTO MERCANTIL FINANCEIRO. QUESTÃO PACIFICADA PELO STF POR OCASIÃO DO JULGAMENTO DO RE 592.905/SC, REL. MIN. EROS GRAU, DJE 05.03.2010. SUJEITO ATIVO DA RELAÇÃO TRIBUTÁRIA NA VIGÊNCIA DO DL 406/68: MUNICÍPIO DA SEDE DO ESTABELECIMENTO PRESTADOR. APÓS A LEI 116/03: LUGAR DA PRESTAÇÃO DO SERVIÇO. *LEASING*. CONTRATO COMPLEXO. A CONCESSÃO DO FINANCIAMENTO É O NÚCLEO DO SERVIÇO NA OPERAÇÃO DE *LEASING* FINANCEIRO, À LUZ DO ENTENDIMENTO DO STF. O SERVIÇO OCORRE NO LOCAL ONDE SE TOMA A DECISÃO ACERCA DA APROVAÇÃO DO FINANCIAMENTO, ONDE SE CONCENTRA O PODER DECISÓRIO, ONDE SE SITUA A DIREÇÃO GERAL DA INSTITUIÇÃO. O FATO GERADOR NÃO SE CONFUNDE COM A VENDA DO BEM OBJETO DO *LEASING* FINANCEIRO, JÁ QUE O NÚCLEO DO SERVIÇO PRESTADO É O FINANCIAMENTO. IRRELEVANTE O LOCAL DA CELEBRAÇÃO DO CONTRATO, DA ENTREGA DO BEM OU DE OUTRAS ATIVIDADES PREPARATÓRIAS E AUXILIARES À PERFECTIBILIZAÇÃO DA RELAÇÃO JURÍDICA, A QUAL SÓ OCORRE EFETIVAMENTE COM A APROVAÇÃO DA PROPOSTA PELA INSTITUIÇÃO FINANCEIRA. BASE DE CÁLCULO. PREJUDICADA A ANÁLISE DA ALEGADA VIOLAÇÃO DO ART. 148 DO CTN E 9 DO DL 406/68. RECURSO ESPECIAL DE POTENZA *LEASING* S/A ARRENDAMENTO MERCANTIL PARCIALMENTE PROVIDO PARA JULGAR PROCEDENTES OS EMBARGOS À EXECUÇÃO E RECONHECER A ILEGITIMIDADE ATIVA DO MUNICÍPIO DE TUBARÃO/SC PARA EXIGIR O IMPOSTO. INVERSÃO DOS ÔNUS DE SUCUMBÊNCIA. ACÓRDÃO SUBMETIDO AO PROCEDIMENTO DO ART. 543-C DO CPC E DA RESOLUÇÃO 8/STJ.
>
> 1. O colendo STF já afirmou (RE 592. 905/SC) que ocorre o fato gerador da cobrança do ISS em contrato de arrendamento mercantil. O eminente Ministro EROS GRAU, relator daquele recurso, deixou claro que o fato gerador não se confunde com a venda do bem objeto do *leasing* financeiro, já que o núcleo do serviço prestado é o financiamento.
>
> 2. No contrato de arrendamento mercantil financeiro (Lei 6.099/74 e Resolução 2.309/96 do BACEN), uma empresa especialmente dedicada a essa atividade adquire um bem, segundo especificações do usuário/consumidor, que passa a ter a sua utilização imediata, com o pagamento de contraprestações previamente acertadas, e opção de, ao final, adquiri-lo por um valor residual também contratualmente estipulado. Essa modalidade de negócio dinamiza a fruição de bens e não implica em imobilização contábil do capital por parte do arrendatário: os bens assim adquiridos entram na contabilidade como custo operacional (art. 11 e 13 da Lei 6.099/74). Trata-se de contrato complexo, de modo que o enfrentamento da matéria obriga a identificação do local onde se perfectibiliza o financiamento, núcleo da prestação do serviços nas operações de *leasing* financeiro, à luz do entendimento que restou sedimentado no Supremo Tribunal Federal.

3. O art. 12 do DL 406/68, com eficácia reconhecida de lei complementar, posteriormente revogado pela LC 116/2003, estipulou que, à exceção dos casos de construção civil e de exploração de rodovias, o local da prestação do serviço é o do estabelecimento prestador.

4. A opção legislativa representa um potente duto de esvaziamento das finanças dos Municípios periféricos do sistema bancário, ou seja, através dessa modalidade contratual se instala um mecanismo altamente perverso de sua descapitalização em favor dos grandes centros financeiros do País.

5. A interpretação do mandamento legal leva a conclusão de ter sido privilegiada a segurança jurídica do sujeito passivo da obrigação tributária, para evitar dúvidas e cobranças de impostos em duplicata, sendo certo que eventuais fraudes (como a manutenção de sedes fictícias) devem ser combatidas por meio da fiscalização e não do afastamento da norma legal, o que traduziria verdadeira quebra do princípio da legalidade tributária.

6. Após a vigência da LC 116/2003 é que se pode afirmar que, existindo unidade econômica ou profissional do estabelecimento prestador no Município onde o serviço é perfectibilizado, ou seja, onde ocorrido o fato gerador tributário, ali deverá ser recolhido o tributo.

7. O contrato de *leasing* financeiro é um contrato complexo no qual predomina o aspecto financeiro, tal qual assentado pelo STF quando do julgamento do RE 592.905/SC, Assim, há se concluir que, tanto na vigência do DL 406/68 quanto na vigência da LC 116//203, o núcleo da operação de arrendamento mercantil, o serviço em si, que completa a relação jurídica, é a decisão sobre a concessão, a efetiva aprovação do financiamento.

8. As grandes empresas de crédito do País estão sediadas ordinariamente em grandes centros financeiros de notável dinamismo, onde centralizam os poderes decisórios e estipulam as cláusulas contratuais e operacionais para todas suas agências e dependências. Fazem a análise do crédito e elaboram o contrato, além de providenciarem a aprovação do financiamento e a consequente liberação do valor financeiro para a aquisição do objeto arrendado, núcleo da operação. Pode-se afirmar que é no local onde se toma essa decisão que se realiza, se completa, que se perfectibiliza o negócio. Após a vigência da LC 116.2003, assim, é neste local que ocorre a efetiva prestação do serviço para fins de delimitação do sujeito ativo apto a exigir ISS sobre operações de arrendamento mercantil.

9. O tomador do serviço ao dirigir-se à concessionária de veículos não vai comprar o carro, mas apenas indicar à arrendadora o bem a ser adquirido e posteriormente a ele disponibilizado. Assim, a entrega de documentos, a formalização da proposta e mesmo a entrega do bem são procedimentos acessórios, preliminares, auxiliares ou consectários do serviço cujo núcleo – fato gerador do tributo – é a decisão sobre a concessão, aprovação e liberação do financiamento.

10. Ficam prejudicadas as alegações de afronta ao art. 148 do CTN e ao art. 9º do Decreto-Lei 406/68, que fundamente a sua tese relativa à ilegalidade da base de cálculo do tributo.

11. No caso dos autos, o fato gerador originário da ação executiva refere-se a período em que vigente a DL 406/68. A própria sentença afirmou que a ora recorrente possui sede na cidade de Osasco/SP e não se discutiu a existência de qualquer

fraude relacionada a esse estabelecimento; assim, o Município de Tubarão não é competente para a cobrança do ISS incidente sobre as operações realizadas pela empresa Potenza *Leasing* S.A. Arrendamento Mercantil, devendo ser dado provimento aos Embargos do Devedor, com a inversão dos ônus sucumbenciais.

12. Recurso Especial parcialmente provido para definir que: (a) incide ISSQN sobre operações de arrendamento mercantil financeiro; (b) o sujeito ativo da relação tributária, na vigência do DL 406/68, é o Município da sede do estabelecimento prestador (art. 12); (c) a partir da LC 116/03, é aquele onde o serviço é efetivamente prestado, onde a relação é perfectibilizada, assim entendido o local onde se comprove haver unidade econômica ou profissional da instituição financeira com poderes decisórios suficientes à concessão e aprovação do financiamento – núcleo da operação de *leasing* financeiro e fato gerador do tributo; (d) prejudicada a análise da alegada violação ao art. 148 do CTN; (e) no caso concreto, julgar procedentes os Embargos do Devedor, com a inversão dos ônus sucumbenciais, ante o reconhecimento da ilegitimidade ativa do Município de Tubarão/SC para a cobrança do ISS. Acórdão submetido ao procedimento do art. 543-C do CPC e da Resolução 8/STJ.

O Município derrotado ainda tentou, sem sucesso, uma modulação dos efeitos, com o escopo de dar eficácia apenas prospectiva ao julgado.

Depois, a causa chegou até o Supremo Tribunal Federal (RE 845.766 AgR/SC), que sequer enfrentou o mérito por envolver matéria infraconstitucional.

Portanto, o entendimento pacificado pelo STF quanto ao local de ocorrência do ISS sobre *leasing* sob a égide da redação original do art. 3º da Lei Complementar nº 116/2003 foi o seguinte: estabelecimento prestador "é aquele onde o serviço é efetivamente prestado, onde a relação é perfectibilizada, assim entendido o local onde se comprove haver unidade econômica ou profissional da instituição financeira com poderes decisórios suficientes à concessão e aprovação do financiamento – núcleo da operação de *leasing* financeiro e fato gerador do tributo". Em poucas palavras, até o surgimento da Lei Complementar nº 157/2016, o ISS sobre o *leasing* é devido na *sede* da arrendadora mercantil.

4.4.2. Local de ocorrência após o advento da Lei Complementar nº 157/2016, que incluiu o inciso XXV no art. 3º da Lei Complementar nº 116/2003: local do domicílio do tomador dos serviços.

Recentemente, os municípios comemoraram o Projeto de Lei Complementar que deu origem à LC nº 157/2016, justamente porque o texto final aprovado no Congresso Nacional autorizava a tributação "pulverizada" do ISS sobre o *leasing*, no sentido de sua incidência nos locais dos domicílios dos tomadores de serviços.

Todavia, foram vetados pelo Presidente da República os dispositivos que assim dispunham (inciso XXV do art. 3° e § 3° do art. 6° da Lei Complementar n° 116, de 31 de julho de 2003, alterados pelo art. 1° do projeto de lei complementar que deu origem à LC n° 157/2016).

Para a satisfação da esmagadora maioria dos municípios brasileiros, o Congresso Nacional rejeitou os presentes vetos, restabelecendo a redação original do referido projeto. Em 1° de junho de 2017 foi novamente publicada a LC n° 157/2016, agora completa.

Isso implicou a mudança do local de incidência do ISS sobre o arrendamento mercantil, cujo embasamento legal está, agora, no novo inciso XXV do art. 3° da Lei Complementar n° 116/2003:

> Art. 3º O serviço considera-se prestado, e o imposto, devido, no local do estabelecimento prestador ou, na falta do estabelecimento, no local do domicílio do prestador, exceto nas hipóteses previstas nos incisos I a XXV, quando o imposto será devido no local: (...)
>
> XXV – do domicílio do tomador dos serviços dos subitens 10.04 e 15.09.

Com a alteração legislativa, fica superado o entendimento do STJ, uma vez que, agora, o elemento espacial do fato gerador do ISS sobre o *leasing* passou a ser o local do domicílio dos tomadores do aludido serviço.

Vale frisar, desde já, que essa mudança trazida pela referida lei federal (nacional) não tem aplicação *automática* na legislação municipal, cabendo aos Municípios adequarem suas legislações locais ao novo texto da Lei Complementar n° 116/2003, alterada pela recente Lei Complementar n° 157/2016.

Como estamos diante de uma alteração de uma regra de incidência (aspecto espacial), além do princípio da legalidade (com a decorrente necessidade de atualização da lei municipal), incide o princípio da anterioridade, tanto a do exercício financeiro como a noventena, nos termos do art. 150, III, "b" e "c", da Constituição Federal.

Mas, incrivelmente, a discussão foi ressuscitada pelas empresas através da ADI n° 5.835, rel. Min. Celso de Mello, por meio da qual se pediu a declaração de inconstitucionalidade da Lei Complementar n° 157/2016, na parte em que alterou o art. 3° da Lei Complementar n° 116/2013.

No item 10 desta obra, comentamos acerca dessa Ação Direta de Inconstitucionalidade.

4.5. Elementos quantitativos

A base de cálculo do ISS nas operações de arrendamento mercantil deve ser composta pelo *preço total do serviço*, isto é, pelas mensalidades mais todo e qualquer valor cobrado a título da negociação, inclusive o valor residual. A base de cálculo do ISS, neste caso, deve ser o valor do "financiamento", que inclui as contraprestações mensais mais o valor residual.

Ora, como o *leasing* é um financiamento (financiamento-serviço), o valor que mensura (ou dimensiona) esse fato é o valor *financiado*. Sendo assim, a base de cálculo não é o *valor do bem arrendado*, já que os arrendatários podem dar entrada para reduzir o valor do financiamento (e, por conseguinte, das contraprestações mensais).

Conforme exposto no subitem 1.2.3, o preço do arrendamento mercantil (valor total) se baseia em uma "equação financeira" peculiar, inerente a este contrato.

Ademais, deve ser levado em conta que o STF considerou que o núcleo (causa, matriz) do *leasing* é financiamento. O bem arrendado, portanto, é um bem financiado, confirmando, destarte, a inclusão do valor residual na base de cálculo do ISS.

Por outro lado, não há como sustentar a vigência do art. 3º, VIII, da Lei Complementar nº 87/1996 (lei nacional do ICMS). Primeiramente porque a LC nº 116/2003 (ISS) é posterior àquela e não fez qualquer ressalva nesse sentido, logo, revogou referido artigo.[74]

Sobre esse ponto, pode-se entender que STF implicitamente já tratou da incidência exclusiva e total do ISS sobre o arrendamento mercantil (com o valor residual). Com efeito, se a Suprema Corte admitisse a tributação municipal apenas sobre as contraprestações mensais (sem o valor residual), já teria decidido isso naqueles dois primeiros casos. Outrossim, ficou absolutamente claro que o *leasing* é um contrato só, rechaçando qualquer fragmentação do contrato e, por consequência, sua remuneração (preço).

---

[74] Esse posicionamento também é defendido por José Eduardo Soares de Melo, "O ICMS e o *leasing* na importação" *in ICMS – Aspectos Jurídicos Relevantes*, coord. Paulo A. Fernandes Campilongo, São Paulo: Quartier Latin, p. 21: "Considerando que a LC nº 116/2003 reiterou a incidência do ISS sobre o leasing (item 15.09), sem nenhuma ressalva da incidência do ICMS, no plano normativo pode-se entender que teria implicitamente revogado o preceito da LC nº 87/1996 (art. 3º. VIII), que dispusera sobre a tributação estadual no tocante à alienação do bem arrendado, em razão do que ficara prejudicada a previsão de incidência do ICMS". Este mesmo autor, no livro *ISS – Aspectos Teóricos e Práticos*, 4ª ed., São Paulo: Dialética, 2005, p. 105, repete tal entendimento, "considerando que a LC nº 116/2003 reiterou a incidência do ISS sobre o leasing (item 15.09), sem nenhuma ressalva de incidência do ICMS".

No voto do Ministro relator Eros Grau, ficou bem claro que a compra presente no arrendamento mercantil é uma atividade-meio, o que também implica em dizer que essa compra está embutida no financiamento:

> 3. Financiamento é serviço, sobre o qual o ISS pode incidir. É irrelevante, nas duas últimas hipóteses – *leasing* financeiro e lease-back – existir uma compra. O fato é que toda e qualquer prestação de serviço envolve, em intensidades distintas, a utilização de um bem.

Com isso, fica reforçada a ideia que o *leasing* "tem" compra, e essa compra faz parte do valor desse financiamento-serviço, logo, o valor dessa compra existente no arrendamento-mercantil – valor residual – deve ser considerado no cômputo da base de cálculo do ISS sobre esta atividade.

Outrossim, conforme ficou registrado na própria ementa dos *leading cases*, no arrendamento mercantil operacional há locação; nas outras duas modalidades, há serviço. Ora, se o valor residual não fizesse parte do preço da prestação do serviço, isto estaria destacado. Mas isso não aconteceu, na medida em que os Ministros do STF só enxergaram um único contrato, uma única operação no arrendamento mercantil, impossibilitando, destarte, a exclusão do valor residual (valor da compra do bem) da base do ISS.

Em segundo lugar porque o bem arrendado não guarda características de mercadoria, justamente por não estar posto *in commercium*, mas inserido numa contratação de *leasing*. Roque Antonio Carrazza,[75] também defende a não incidência do ICMS por este motivo, e acrescenta mais um argumento para afastar o art. 3º, VIII, da LC 87/96, qual seja: a opção de compra é a última etapa desse financiamento-serviço:

> Deveras, no arrendamento mercantil inexiste venda de mercadoria, mas, apenas, um contrato, pelo qual uma parte (empresa de "leasing", financiadora ou arrendadora) dispõe-se a adquirir, de terceiro, a pedido de outra parte (empresa financiada ou arrendatária), bens, para serem por esta utilizados, por prazo determinado. (...).
> Insistimos em que não há incidência de ICMS ainda quando o arrendatário exercita a sua "opção de compra", porquanto ela corresponde à última etapa do processo de financiamento.[76]

Nesse mesmo sentido, é o que defende Péricles Prade, em seu artigo "Competência tributária privativa do Município para insti-

---

[75] CARRAZZA, Roque Antonio. *ICMS*. 7ª ed. São Paulo: Malheiros, 2001, p. 112.

[76] Este autor, no entanto, entende que o imposto devido sobre o contrato de arrendamento mercantil seria o IOF, e não o ISS.

tuir o ISSQN nas operações de *leasing*: aspectos revisitados e novos", publicado na *Revista Dialética* n° 96, p. 74.

Diferentemente do nosso entendimento, Roberto Tauil defende que o valor residual não deve integrar a base de cálculo do ISS:

> A Base de Cálculo do ISS
>
> Há duas regras intransponíveis no cálculo da receita tributável pelo ISS:
>
> 1ª) A base de cálculo do ISS é o preço do serviço;
>
> 2ª) O custo decorrente do serviço prestado não é abatido da base de cálculo do ISS.
>
> A primeira regra deve ser examinada com os devidos cuidados. Considera-se preço do serviço, para efeitos de cálculo do ISS, o valor que se incorpora ao patrimônio do prestador, ou seja, o valor que é lançado como receita do prestador. Deste modo, não seria integrante da base de cálculo do imposto a parcela contida no preço por força de uma cobrança a favor de terceiro, não registrada em conta de resultado, mas, sim, no passivo, como obrigação a pagar.
>
> A segunda regra diz respeito aos custos que integram a prestação do serviço, isto é, as despesas operacionais, administrativas, financeiras e tributárias incorridas para a determinação do preço do serviço. Na maioria dos casos, a prestação de serviço envolve aplicação de materiais e o esforço humano, e nenhum dos dois componentes de custo pode ser deduzido da base de cálculo do imposto, a não ser quando os bens aplicados são fornecidos ou suportados pelo tomador do serviço, ou, então, ressarcidos por este. Pois bem, partindo de tais premissas, comentamos as operações de *leasing*:
>
> 1 – O *Leasing* Financeiro
>
> Nas operações de *leasing* financeiro, o bem a ser arrendado é parte integrante do ativo permanente do arrendador. Em outras palavras, não é custo da operação, mas um ativo da empresa arrendadora. A questão nos leva ao ICMS: quando a arrendadora adquire o bem da empresa vendedora, há a incidência normal do ICMS em tal operação. O bem é incorporado ao ativo da empresa de arrendamento mercantil. Quando, ao final do contrato, a propriedade do bem passa a ser do arrendatário, que assim optou, não haveria, na verdade, uma venda de mercadoria, pois não há mais como caracterizar o bem com a denominação jurídica de mercadoria, ou seja, esta operação não deveria ser entendida como de natureza mercantil. Para tanto, leva-se em conta que a instituição de arrendamento mercantil não é indústria, comércio ou produtora. Diz Roque Antonio Carrazza que "já não há, aí, mercadoria, mas, apenas, um bem de uso extra commercium".
>
> No entanto, a Lei Complementar nº 87/1996, em seu art. 3º, VIII, prescreve: "Art. 3º. O imposto não incide sobre: (...) VIII – operações de arrendamento mercantil, não compreendida a venda do bem arrendado ao arrendatário".
>
> Neste aspecto, e em nossa opinião, há uma grande diferença entre o *leasing* financeiro e o *leasing* operacional: no primeiro, o bem integra o ativo permanente da arrendadora e não deveria sofrer incidência do ICMS na sua transferência ao arrendatário, pois mercadoria não é mais; no segundo, o bem integra o estoque (ativo circulante) do arrendador, mantendo-se, portanto, como mercadoria, e caberia, assim, a incidência do ICMS quando ocorresse a transferência do bem ao arrendatário.

Há de convir, ainda, que no *leasing* financeiro ocorreu a tributação do ICMS na primeira operação, quando o arrendador adquiriu o bem do fabricante ou comerciante. No *leasing* operacional, caso a arrendador seja o fabricante, não houve a tributação do ICMS, pois o bem, durante a operação do *leasing*, permanece sob a propriedade do fabricante. E deste modo, na saída da mercadoria do seu estoque, com a transferência de titularidade do bem, ao final do contrato, aí, então, caberia a incidência do imposto estadual.

Deste modo, o ISS não deveria incidir sobre o valor bruto do contrato, pois este leva em conta, inclusive, o valor do custo do bem arrendado que, a nosso ver, nada tem a ver com a base de cálculo do imposto.[77] Esse entendimento leva em conta o conceito do preço do serviço, da forma já comentada. No caso do *leasing* financeiro, o valor do bem não é custo da arrendadora, mas, sim, ativo permanente, isto é, integra o seu ativo, não sendo lançado como despesa operacional em conta de resultado.

Em outras palavras, pode-se dizer que a base de cálculo do ISS é o valor da prestação do serviço, ou, como diz Marcelo Caron Baptista, o resultado do esforço que o prestador direciona ao tomador no desempenho de sua atividade. E sendo assim, nada tem a ver com a mensuração de tal esforço o valor original do bem arrendado, nem, tampouco, adicionando-se aos valores gastos agregados ao esforço do prestador.

Sob outro enfoque, se o valor do bem arrendado fosse considerado no preço da prestação do serviço, a operação se inverteria, passando a ser muito mais uma "venda" financiada do que uma prestação de serviço.

Deste modo, a base de cálculo do ISS nas operações de *leasing* financeiro é a receita auferida mensalmente no decorrer da operação, e especificadas nas contas de receita determinadas no COSIF.

Mas, além daquelas receitas registradas em contas específicas do COSIF, temos, ainda, outras receitas tributáveis constantes de outras contas. As empresas de arrendamento mercantil e os bancos múltiplos que tenham carteira de *leasing* são autorizados a cobrar do arrendatário valores decorrentes de outros serviços prestados, a saber:

Tipo do Serviço Preço máximo permitido – R$

Confecção de Cadastro 990,00

Cópia de microfilme ou microficha 15,00

Renovação de ficha cadastral 580,00

Consulta a serviço de proteção ao crédito 650,00

---

[77] Aqui reside a diferença do entendimento entre nós e o eminente Roberto Tauil: enquanto ele divide a remuneração do contrato e, por conseguinte, fragmenta o próprio contrato de arrendamento mercantil; nós não conseguimos aceitar essa divisão, afinal de contas se o contrato é único, a sua remuneração também o é. Também não houve consideração, por parte de Roberto Tauil, da equação financeira própria do arrendamento mercantil, que necessariamente soma as contraprestações e o valor residual. Enfim, do jeito como pensa o nobre colega, o valor residual seria o preço da venda do bem arrendado, e não o preço do financiamento-serviço. Não encontramos respaldo legal nem jurisprudencial (STF e STJ) para este entendimento por ele defendido e transcrito.

Entrada por borderô – listagem de títulos 8,00 por evento
Entrada por meio magnético 3,00 por evento
Entrada sem registro 2,00 por boleto
Manutenção de título vencido 6,00 cada 30 dias
Envio para protesto 7,00 por evento
Sustação de protesto 7,00 por evento
Devolução de título 5,00 por evento
Abertura de crédito 1.200,00 por evento
Renegociação da dívida 800,00 por evento
Substituição de garantia 800,00 por evento
Rescisão contratual – Quitação antecipada 3.000,00 por evento
Segunda via de documento 250,00 por evento
Ressarcimento de despesa de telefonema 3,00 por evento
Ressarcimento de despesa de fax 3,00 por evento
Envelopamento de documentos 250,00 por evento

Essas receitas são lançadas nas contas específicas de receita, conforme estabelece o COSIF. E todas sofrem tributação do ISS, lembrando os termos do subitem 15.09 da lista de serviços:

15.09 – Arrendamento mercantil (*leasing*) de quaisquer bens, inclusive cessão de direitos e obrigações, substituição de garantia, alteração, cancelamento e registro de contrato, e demais serviços relacionados ao arrendamento mercantil (*leasing*).

A jurisprudência do STJ, construída sob a égide do Decreto-Lei nº 406/1968, corrobora o nosso entendimento acerca da *inclusão* do valor residual na base de cálculo do imposto municipal.

Para nós, a opção pela aquisição do bem é mero exaurimento do contrato de arrendamento mercantil, sendo a coisa – móvel ou imóvel – elemento do contrato de prestação de serviços.

Nesse diapasão, como a LC nº 116/2003 não prevê qualquer dedução e a entrada do valor adquirido com a transferência do bem é claramente uma receita, não vemos como dissociar tal valor da base imponível do ISS.

Realmente, voltando aos *leading cases*, lembramos que o STF decidiu que o *leasing* financeiro é um "financiamento". Ora, o valor residual é um dos dois componentes do pagamento (receita) do preço desse serviço, ao lado das contraprestações do arrendamento. Ou seja, no momento de se calcular o valor do preço desse serviço, tanto a "locação" como o valor residual são levados em consideração pela sociedade arrendadora. Daí a impossibilidade de tirar uma ou outra receita da base imponível do ISS.

No final de seu voto, o Ministro relator Eros Grau tratou perfunctoriamente sobre a base de cálculo:

> 5. Outro tema, distinto do que neste autos é debatido, é o atinente à base de cálculo do tributo, que há de corresponder ao preço do serviço. Isso não se discute, contudo, neste autos.

Ora, por ser um único contrato, só pode haver um único "preço do serviço", abrangendo as parcelas mensais mais o valor residual.

Nesse mesmo diapasão, em seu curto voto, o Ministro Ricardo Lewandowski decidiu que apenas o ISS pode recair sobre tal tipo de operação, excluído o IOF e, também, o ICMS. Enfim, é mais uma amostra de que o STF acabou enfrentando implicitamente que o valor residual pode, sim, ser incluído na base do ISS.

No artigo "Aspectos relevantes do ISS", publicado na *Revista Dialética de Direito Tributário* nº 182, Ives Gandra da Silva Martins e Marilene Talarico Rodrigues Martins entenderam, tal como nós, que haverá a incidência do ISS *sobre todo o valor, inclusive o valor residual* (p. 177-178). Aliás, eles afastaram a aplicação do artigo 3º, VIII, da LC 87/1996 (lei nacional do ICMS), com fulcro no art. 1º, § 2º, da LC nº 116/2003 (lei nacional do ISS), segundo o qual o ICMS somente incidirá sobre as atividades elencadas na lista de serviços quando houver previsão específica nela, algo inexistente na lista anexa à LC nº 116/2003.

Falamos até o momento do "valor residual" ou "opção de compra", que difere do chamado "valor residual garantido" (VRG).

O VRG e o valor residual são elementos com funções distintas, acarretando, por isso, efeitos diversos dentro do contrato. Contundo, não raras vezes são confundidos, onde, em um número considerável de casos, é atribuído ao VRG a função específica do valor residual, situação que desvirtua o contrato de arrendamento, eis que resta alterada a base do negócio jurídico.

O VRG não se confunde com a opção de compra (valor residual), pois esta é estabelecida em favor do arrendatário, ao passo que aquele é uma obrigação assumida, pelo arrendatário, quando da contratação do arrendamento mercantil, no sentido de garantir que o arrendador receba, ao final do contrato, a quantia mínima final de liquidação do negócio, no caso de optar por não exercer seu direito de compra, e também, não desejar que o contrato seja prorrogado.

Assim, enquanto o valor residual vinculado ao preço pela opção de compra se destina a complementar o retorno do capital investido pela arrendadora na hipótese de opção de compra, o VRG, ao revés, é resíduo exigível quando a opção não for pela compra, mas pela extinção do contrato, isto é, ao fim da locação. Este último, funciona, portanto, como um mecanismo contratual de garantia à empresa arrendadora e normalmente é cobrado de modo antecipado, juntamente com as parcelas mensais do financiamento.

Aí que reside o problema: se o VRG é, a princípio, apenas uma "garantia" em favor da arrendadora, como incluí-lo desde a primeira mensalidade na base de cálculo do ISS se, somente ao final do contrato, saberemos se tal garantia se converterá em efetiva receita da empresa de *leasing*?

Ora, se o arrendatário, ao final do contrato, não optar pela compra do bem, o VRG servirá de garantia do valor mínimo e caso, na venda a terceiros, o bem não alcance o montante estipulado no contrato, a arrendadora lançará mão do VRG para cobrir o valor faltante, e devolverá o resto ao arrendatário, em caso de superávit.

Com isso estamos querendo enfatizar que o VRG somente deverá compor a base de cálculo do ISS quando efetivamente for convertido em receita da empresa de leasing.

Mas o Fisco não pode exigir a sua inclusão antecipada na base imponível do ISS? Pode ser aplicado o art. 150, § 7º, da CF/88, que prevê a "substituição tributária para frente". Contudo, essa possibilidade não é pacífica, já que encontramos posições antagônicas do STF sobre a matéria.

Finalmente, ainda quanto à base de cálculo do ISS sobre o *leasing*, importa dizer que o STJ ainda não pacificou o tema. No RESP nº 1.060.210, esse assunto *seria* enfrentado, mas o julgamento pela incompetência do Município (ilegitimidade) prejudicou a apreciação desse ponto.

Quanto à alíquota, ela deve ficar entre 2% e 5%. O limite máximo é previsto pelo art. 8º da LC nº 116/2003; o mínimo, pelo art. 88 do Ato das Disposições Constitucionais Transitórias, acrescentado pela Emenda Constitucional nº 37/2002.

Ainda existem legislações municipais que insistem em descumprir a alíquota mínima prevista pelo Texto Constitucional. Vale dizer que a proibição – por óbvio – se estende a reduções por via oblíqua. Com isso estamos a dizer que fere a regra constitucional uma alíquota de 2% quando a base de cálculo sofre algum tipo de desconto legal, como alguns municípios que autorizam a exclusão dos tributos federais incidentes sobre a nota fiscal de serviços.

A Lei Complementar nº 157/2016 também inovou neste quesito, reforçando a alíquota mínima de 2% com a vedação de benefícios que reduzam essa carga tributária mínima.

Neste sentido, o art. 8º-A acrescentado na Lei Complementar nº 116/2003:

> Art. 8º-A. A alíquota mínima do Imposto sobre Serviços de Qualquer Natureza é de 2% (dois por cento).
>
> § 1º O imposto não será objeto de concessão de isenções, incentivos ou benefícios tributários ou financeiros, inclusive de redução de base de cálculo ou de crédito presumido ou outorgado, ou sob qualquer outra forma que resulte, direta ou indiretamente, em carga tributária menor que a decorrente da aplicação da alíquota mínima estabelecida no *caput*, exceto para os serviços a que se referem os subitens 7.02, 7.05 e 16.01 da lista anexa a esta Lei Complementar.
>
> § 2º É nula a lei ou o ato do Município ou do Distrito Federal que não respeite as disposições relativas à alíquota mínima previstas neste artigo no caso de serviço prestado a tomador ou intermediário localizado em Município diverso daquele onde está localizado o prestador do serviço.
>
> § 3º A nulidade a que se refere o § 2º deste artigo gera, para o prestador do serviço, perante o Município ou o Distrito Federal que não respeitar as disposições deste artigo, o direito à restituição do valor efetivamente pago do Imposto sobre Serviços de Qualquer Natureza calculado sob a égide da lei nula."

O referido art. 8º-A trouxe essa inovação da *nulidade* da lei ou ato criador do benefício fiscal ilícito, com as seguintes decorrências: o imposto deixa de ser devido contra o Município que concedeu o incentivo fiscal, e o prestador do serviço (beneficiado com o incentivo ilícito) ainda terá o direito de pleitear a restituição do imposto pago "a menor"!

A Lei Complementar nº 157/2016 também criou uma substituição tributária *ativa*, ao inserir o § 4º no art. 3º da Lei Complementar nº 116/2003 com a seguinte redação:

> § 4º Na hipótese de descumprimento do disposto no *caput* ou no § 1º, ambos do art. 8º-A desta Lei Complementar, o imposto será devido no local do estabelecimento do tomador ou intermediário do serviço ou, na falta de estabelecimento, onde ele estiver domiciliado.

Portanto, diante de um benefício fiscal qualquer que atribua uma carga tributária inferior a 2%, a competência é *transferida* do Município do estabelecimento *prestador* para o Município onde estiver estabelecido o *tomador*. No caso do *leasing* e da administração ode cartão de crédito, esse § 4º deixa de ter aplicação, em razão da mudança havida no local de incidência do ISS sobre tais atividades, como já exposto.

Por fim, ainda no tocante ao desrespeito dessa carga tributária mínima de 2%, a Lei Complementar n° 157/2016 alterou a Lei n° 8.429/1992 (Lei de Improbidade Administrativa), tipificando essa atitude fiscal como improbidade administrativa no artigo 10-A, cuja sanção será a "perda da função pública, suspensão dos direitos políticos de 5 (cinco) a 8 (oito) anos e multa civil de até 3 (três) vezes o valor do benefício financeiro ou tributário concedido":

> Art. 10-A. Constitui ato de improbidade administrativa qualquer ação ou omissão para conceder, aplicar ou manter benefício financeiro ou tributário contrário ao que dispõem o *caput* e o § 1º do art. 8º-A da Lei Complementar nº 116, de 31 de julho de 2003.

Em razão dessas sanções administrativas e tributárias, resta aguardar se os Municípios conhecidos como *paraísos fiscais* ainda inobservarão essa alíquota mínima.

5. Administração de cartões de crédito e dédito

5.1. Definição do contrato de administração de cartões

A administração de cartões de crédito e débito é uma atividade em franco desenvolvimento e crescimento em todo o País, em razão de suas inúmeras vantagens proporcionadas a todos os personagens econômicos.

A Associação Brasileira das Empresas de Cartões de Crédito e Serviços (ABECS), em seu *site* institucional (www.abecs.org.br), divulga várias notícias, trabalhos, estatística, gráficos e pesquisas em torno desse rentável setor.

Em um dos estudos ali publicados,[78] encontra-se a seguinte introdução relativa à atividade:

> As vendas mediante o uso de cartões de crédito e débito têm apresentado contínua expansão no Brasil, tendo em vista a melhoria dos indicadores macroeconômicos como o aumento da renda e do emprego, além do maior nível de bancarização da população, com destaque para as pessoas de renda mais baixa.
>
> Soma-se a isso o fato do uso destes instrumentos como forma de pagamento trazer inúmeros benefícios para ambos os consumidores finais deste mercado, isto é, os consumidores portadores de cartão e os estabelecimentos comerciais. Para este primeiro grupo, pode-se destacar a conveniência e a segurança. A conveniência é dada pela possibilidade de realizar todos os pagamentos uma única vez ao mês (no caso dos cartões de crédito) sem o pagamento de juros na maioria dos casos, mediante o uso de um limite de crédito pré-aprovado pelo banco emissor evitando, assim, a necessidade de porte de dinheiro em espécie ou cheques. E o fator segurança está vinculado, outra vez, a não necessidade de portar dinheiro em espécie

---

[78] "Análise econômica dos benefícios advindos do uso de cartões de crédito e débito", estudo da empresa Tendências Consultoria, datado de set/2011, disponível em: <http://abecs.org.br/app/webroot/files/media/f/2/1/4a97bc8811e08c52cbff76272e4e0.pdf>, acesso em: 15.09.2017.

e a existência de um sistema que, em geral, protege os consumidores em casos de descoberta de fraudes.

Além disso, com o uso dos cartões, os consumidores também se beneficiam: (i) da possibilidade de efetuar pagamentos à distância; (ii) da oportunidade de solicitar cancelamento imediato em caso de perda ou roubo; e (iii) de possuir elementos de prova em caso de erros na efetuação de uma transação, dados que todas as transações são registradas.

Já os estabelecimentos comerciais auferem benefícios ao disponibilizar o cartão como forma de pagamento aos seus consumidores. Dentre eles, destacam-se: (i) conveniência, maior rapidez para efetuar os pagamentos e não necessidade de depositar dinheiro ou cheque diretamente no banco; (ii) menor risco, evita-se a circulação de cheques sem fundo e notas falsas como também o risco de inadimplência levando em consideração que todas as transações devem ser previamente autorizadas por meio eletrônico; (iii) maior atratividade em relação àqueles estabelecimentos comerciais que não oferecem este tipo de pagamento; e (iv) o tíquete médio dos pagamentos com cartões é maior do que com dinheiro e, assim, o lucro do lojista por operação é maior no caso de cartões.

Assim como para o grupo de consumidores, os lojistas também se beneficiam com os pagamentos à distância, com o fato de possuir elementos de prova em caso de erros na efetuação de uma transação e por serem protegidos pelos emissores em caso de falsificação ou fraude. Ademais, a garantia de recebimento dos pagamentos feitos com cartões permite uma vantagem adicional aos estabelecimentos comerciais.

Analisando sob uma perspectiva mais abrangente, pode-se afirmar que o país como um todo também se beneficia do uso dos cartões pela sociedade. Isso gera uma maior formalização da economia, reduzindo as distorções causadas pela atividade informal e permitindo um maior controle das vendas por parte do governo para fins de arrecadação de impostos. A existência de uma estrutura de pagamentos rápida e segura capaz de registrar todas as informações relevantes de uma transação pode ser uma ferramenta muito útil para que os governos rastreiem as operações realizadas. Esse resultado parece ser intuitivo, dado que a aceitação de cartões implica a existência de registros formais e organizados da transação, bem como uma movimentação bancária, o que está associado a uma maior formalização da economia e a inibição de práticas para burlar o pagamento de tributos. (...)

Em suma, é possível afirmar que a utilização dos cartões traz benefícios tanto para os usuários diretos deste instrumento, como também para o país como um todo por se tratar de um sistema seguro, de menor custo e risco e que permite a rastreabilidade de todas as operações realizadas, além de estimular a atividade econômica.

Numa visão mais *jurídica*, "a expressão administração de cartão de crédito designa a atividade que tem por cerne assegurar ou garantir crédito, dentro de limites previamente definidos, às pessoas que se associam às empresas do gênero, para aquisição de mercadorias ou serviços, mediante a simples apresentação de um cartão próprio, aos fornecedores desses bens, que a ela sejam filiados", nas lições de Marcelo Marques Roncaglia.[79]

O núcleo ou objeto deste contrato complexo é de *meio de pagamento*, tanto que todas as suas operações pressupõem (ou se originam obrigatoriamente) de um pagamento. Sem pagamento, não há que se falar em administração de cartão de crédito e débito.

Na cláusula primeira da minuta de contrato da empresa Cielo, consta em destaque esse objeto contratual:

> Cláusula 1ª – O presente instrumento tem como objeto o credenciamento do CLIENTE ao SISTEMA CIELO, para a aceitação dos MEIOS DE PAGAMENTO, o que inclui a captura, transporte, processamento de informações e liquidação de TRANSAÇÕES, dentre outros serviços.[80]

Dito de outra maneira, essa atividade entra em cena no momento da extinção de uma outra obrigação, isto é, no instante em que o devedor vai *pagar* a sua obrigação decorrente de um contrato de compra e venda de bens e mercadorias, prestação de serviços, locação de bens, doação etc. A forma de pagamento desta *transação* pressuposta entre as partes (credor e devedor) será o cartão de crédito ou débito, extinguindo tal relação entre estas partes. Simultânea e paralelamente à esta extinção de obrigação entre o titular do cartão e o estabelecimento credenciado, nascem várias outras obrigações decorrentes do contrato de administração de cartão de crédito e débito envolvendo a administradora e o estabelecimento credenciado, o portador do cartão e o banco emissor do cartão, banco e administradora, administradora e "bandeira"; enfim, várias obrigações decorrentes dessa forma de pagamento.

Neste sentido, vale a pena transcrever outro trecho do estudo citado acima:

> Existem basicamente cinco participantes no complexo mercado de cartões de crédito e débito. Os usuários finais são os portadores do cartão (consumidores) e os estabelecimentos comerciais (lojistas). Os outros participantes deste mercado são os emissores, os credenciadores e as bandeiras. A estrutura desta indústria varia de acordo com o país, apresentando maior ou menor integração. Por exemplo, em alguns países, além dos participantes mencionados acima, existe também um administrador. No caso brasileiro, a administração é feita pela instituição emissora.
>
> Ao analisarmos cada um dos integrantes deste sistema, temos que o portador (consumidor) é o agente que detém o cartão para realizar compras. Este o utiliza em estabelecimentos comerciais (lojas) previamente autorizados a recebê-los como

---

[79] "Tributação no Sistema de Cartões de Crédito". São Paulo: Quartier Latin, 2004, p. 132.

[80] No decorrer do contrato, há inúmeras menções a "meio de pagamento", inclusive com letras maiúsculas.

forma de pagamento. Para ter o direito de portar o cartão de crédito, o primeiro grupo é avaliado por um banco emissor que analisa a proposta de adesão, e se esta for aprovada, determina o limite de crédito e as taxas cobradas. Este último agente também é responsável pelo lançamento dos pagamentos e pelo envio da fatura aos consumidores. O consumidor, em contrapartida, paga uma taxa anual ao banco emissor.

No caso dos cartões de débito, não existe emissão de fatura. Estes cartões são atrelados a uma conta corrente ou conta poupança, cujo limite é determinado pelo saldo desta conta, e o débito é feito geralmente no dia útil posterior a transação.

O mesmo acontece com os estabelecimentos comerciais. Aqueles que desejam alugar um terminal de venda, também conhecido como POS ("point of sale"), se relacionam diretamente com o credenciador (ou adquirente). Como o próprio nome diz, estes são os responsáveis por credenciá-los. Além disso, o credenciador também é responsável por realizar a transmissão e o processamento dos pagamentos recebidos pelos estabelecimentos comerciais. Assim como a taxa anual paga pelos consumidores aos bancos emissores, os estabelecimentos comerciais também têm que pagar uma taxa aos credenciadores denominada de taxa de desconto (lojistas também devem pagar o aluguel pelo uso dos POSs).

Ainda, participam desta indústria as bandeiras, responsáveis pela marca do cartão. Estas atuam como uma franqueadora da marca responsável por estabelecer normas, fornecendo infraestrutura básica e aperfeiçoando o sistema através de pesquisa e desenvolvimento. As bandeiras recebem um pagamento tanto do banco emissor quanto do credenciador pelos seus serviços.

Feitas tais considerações gerais acerca desse contato, convém detalhar ainda mais as operações realizadas dentro desse sistema de administração de cartão de crédito e débito, até porque essas constatações trazem repercussões tributárias no campo da responsabilidade, obrigações acessórias e da base de cálculo, como será explorado doravante.

5.1.1. Cartão de crédito

Segundo o saudoso Fran Martins, o cartão de crédito é "uma peça de plástico, de tamanho uniforme, tendo impresso e em relevo certos dizeres – nome do organismo emissor, número em código do portador, data da emissão, período de validade, nome e assinatura do portador -, que tem a natureza de um documento de identificação" ("Contratos e obrigações comerciais", 16ª ed., Rio de Janeiro, Forense, 2010, p. 460).

Portanto, o "cartão" é um documento de identificação.

No já mencionado *site* da ABECS (www.abecs.org.br), encontra-se a seguinte definição para o cartão de *crédito*: meio de pagamento que tem uma linha de crédito predefinida pelo emissor do cartão, que define esse limite levando em conta vários fatores, como por exemplo, seu salário/renda mensal. À medida que o portador realiza compras com cartão, o limite de crédito disponibilizado diminui, sendo restabelecido após o recebimento do pagamento da fatura, pelo emissor do cartão de crédito.

Neste mesmo *site*, o cartão de *débito* está assim definido: meio eletrônico de pagamento vinculado a uma conta bancária em instituição financeira que, dentre outras funções, é utilizado para saques e aquisição de bens e/ou serviços mediante uso de senha, havendo saldo ou limite disponível no momento da transação, uma vez que o valor é debitado diretamente na conta bancária do portador.

Quando o cartão possuir as duas funções (crédito e débito), fala-se em "cartão múltiplo".

5.1.2. Contrato

Segundo Luiz Antonio Guerra da Silva, a administração de cartão de crédito é um "serviço de intermediação, que permite ao consumidor adquirir bens e serviços em estabelecimentos comerciais previamente credenciados, mediante a comprovação de sua condição de usuário, que ocorre via de regra, pela apresentação do cartão" ("Contratos mercantis diferenciados", Brasília, Brasília Jurídica, 2007, p. 33).

Para Alcio Manoel de Sousa Figueiredo ("Cartão de crédito: questões controvertidas", Curitiba, Juruá, 2000, p. 29), esse contrato se classifica como um contrato plurilateral, um contrato atípico, um contrato de crédito, um contrato de adesão e um contrato de consumo. Sua definição: "negócio jurídico complexo, do qual participam no mínimo três partes, haja vista que se origina de contratos distintos e que possuem a mesma finalidade".

Dessa forma, conforme leciona Rafael Roberto Hage Tonetti ("A incidência do imposto sobre operações de crédito no âmbito dos cartões de crédito", *in* Revista Dialética de Direito Tributário nº 190, julho, 2011, p. 83):

> Observa-se que o titular do cartão de crédito celebra um contrato de compra e venda ou prestação de serviços com o lojista/prestador de serviços, em que este último dá a quitação do preço à vista contra a promessa de pagamento por parte da administradora do cartão, que, por sua vez, obriga-se a efetuar o desembolso do valor exatamente igual ao valor da operação feita pelo titular do cartão, subtraído

de uma taxa cujo montante já foi previamente estabelecido entre o lojista/prestador de serviços e a administradora.

Desta feita, têm-se três relações jurídicas principais a serem destacadas:

i) entre o titular do cartão de crédito e o lojista/prestador de serviços;

ii) entre o titular do cartão de crédito e a administradora;

iii) entre a administradora e o lojista/prestador de serviços.

Referido autor, neste artigo, conclui que "as três relações jurídicas básicas decorrentes da utilização do cartão de crédito para a compra e venda à vista de bens e serviços não se encaixam no conceito constitucional de operação de crédito, não ocorrendo, consequentemente, os seus enquadramentos no critério material da RMI do IOF/crédito". Nesta linha de raciocínio, teríamos um campo totalmente aberto e reservado para o ISS.

Ele chega a essa conclusão, a partir dos seguintes argumentos:

> Muito embora o cartão de crédito contenha elementos de vários contratos típicos, na sua essência, trata-se de um contrato atípico, complexo, de adesão, oneroso e comutativo.
>
> Pode-se indicar como elemento característico da estrutura da relação jurídica de cartão de crédito a sua natureza de meio de pagamento, bem como a consequente substituição da obrigação de pagamento, pelo cliente, do preço do produto ou serviço adquirido pela obrigação da administradora de realizar referido pagamento ao lojista/prestador de serviço, devendo aquela cobrar do cliente os valores pagos de acordo com os seus próprios critérios.
>
> Assim, a administradora, quando efetua o pagamento ao lojista/prestador de serviço, para obrigação própria, decorrente da relação jurídica de cartão de crédito – não paga ao lojista em nome ou por conta e ordem do cliente. Da mesma forma, a administradora, quando cobra do cliente a cobertura dos valores pagos ao lojista, faz em nome e por direito próprio – não atua, aqui, em nome ou por conta do lojista (p. 88).

Em geral, as administradoras cobram do estabelecimento (lojista / prestador de serviço) duas "taxas" (remunerações). São elas:

> Taxa de *aluguel do equipamento*: cobrada mensalmente. Esse equipamento se chama POS (do inglês *point of sale*, ou seja, ponto de venda ou ponto de serviço). Garante o funcionamento do equipamento, suporte técnico, substituição de equipamento sem custo em caso de pane, atualização de softwares, entrega de bobinas para impressão do comprovante, entre outros serviços. Cabe lembrar que, caso desejar, o estabelecimento comercial pode comprar seu próprio equipamento. Neste caso, não há cobrança de aluguel e os serviços acima descritos devem ser contratados a parte, caso haja interesse. No âmbito tributário (jurídico-contratual), indaga-se: trata-se de um contrato autônomo, ou seria uma mera atividade-meio? Isso tem repercussão direta no campo do ISS, pois, uma demonstrada a natureza de mera atividade-meio, essas receitas com a "locação" deverão ser embutidas na base de cálculo do imposto municipal.

Taxa de *desconto*: percentual do valor da venda. Varia de acordo com a negociação entre o Estabelecimento comercial e a Credenciadora.

5.1.3. Pessoas envolvidas na operacionalização

No *site* da ABECS, encontra-se uma relação de todos os personagens que participam desse contrato, além do consumidor (portador do cartão):

a) *Emissor (administrador do cartão):* empresa responsável pela emissão do cartão e pelo relacionamento com o portador para qualquer questão decorrente da posse, uso e pagamento das despesas do cartão. Os cartões podem ser emitidos por instituições financeiras e/ou administrativas. Ex.: bancos (BB, Santander, Itaú, Bradesco etc.) ou uma loja (Walmart, C&A, Magazine Luiza, Pão de Açúcar, "cartões corporativos" etc.).

b) *Administradora/Credenciadora:* empresa que credencia estabelecimentos para aceitação dos cartões como meios eletrônicos de pagamento na aquisição de bens e/ou serviços. O Credenciamento possibilita ao estabelecimento comercial, ou profissional autônomo, a aceitação do cartão como meio de pagamento, ampliando o seu potencial de clientes através da oferta de uma valiosa comodidade para os consumidores. É a empresa responsável pela comunicação da transação entre o estabelecimento e a bandeira. Ex.: American Express, Cielo, Getnet, Hipercard, Oboé, Redecar, Verifone. A administradora é a *principal* prestadora do serviço, mas não a única, pois o sistema depende necessariamente de todas essas outras pessoas envolvidas.

c) *Bandeira:* empresa que oferece a organização, estrutura e normas operacionais necessárias ao funcionamento do sistema de cartão. A bandeira licencia o uso da logomarca para cada um dos emissores e credenciadoras. A bandeira vem indicada nos estabelecimentos credenciados e está impressa nos respectivos cartões, e viabiliza a liquidação dos eventos financeiros decorrentes do uso dos cartões e a expansão da rede de estabelecimentos comerciais credenciados no País e no exterior. Ex. VISA, Mastercard, DINERS, American Express, Rede Shop etc.

d) *Processadora*: empresa que presta serviços operacionais aos emissores e às credenciadoras, relacionados à administração de cartões e respectivas transações, como: emissão da fatura, processamento de transações, atendimento aos portadores, atendimento aos estabelecimentos, entre outros. Ex.: Orbitall, CSU, Certegy e EDS. Segundo estudos do IBOPE, tais processadoras estão perdendo mercado nos últimos anos, na medida em que os bancos emissores absorveram tal atividade para si. Essa atividade entra no subitem 15.10 da Lista anexa à LC 116/03.

Desde já convém ressaltar que administradora (credenciadora) de cartão não é uma instituição financeira, muito embora sejam empresas vinculadas ou coligadas a um banco.

Mas, enfim, é importante frisar que a administradora de cartão não é uma instituição financeira, não está sujeita à fiscalização do Banco Central, e nem está subordinada ao Plano de Contas COSIF, que é o plano padrão obrigatoriamente imposto às instituições financeiras.

Outra observação que também vale a pena pontuar é que a administradora não se basta para a execução desta atividade, na medida em que o "sistema de cartões" envolve outras empresas além da administradora (credenciadora), como a instituição financeira emitente do cartão e que fará o pagamento para os estabelecimentos credenciados (domicílio bancário) e a bandeira. A nosso ver, essa constatação pode levar a uma responsabilidade tributária solidária entre tais pessoas coparticipantes da prestação do serviço de administração de cartões de crédito e débito, em face do "interesse comum" na operação (art. 124, I, do CTN). A propósito, tratamos disso mais adiante, no subitem 5.5.2.

5.1.4. Normas aplicáveis: autorregulação

Disponível em <http://www.abecs.org.br/site/autorregulacao/normas.aspx> encontram-se todas as normas aplicáveis às instituições que atuam nesse setor.

Basicamente, percebe-se que esse mercado não possui legislação própria ou específica, é dizer, não há uma lei, decreto ou norma do BACEN ou da CMN em torno desse contrato.

Logo, o mercado acaba sendo *autorregulamentado* pelas próprias instituições, que constituíram inclusive um Conselho de Ética e Autorregulação dentro da ABECS, até porque essa antiga associação, fundada em 07/07/1971, com sede da cidade de São Paulo, contempla cerca de 95% do mercado de cartões.

Sobre esta autorregulação do setor, vale a pena transcrever a apresentação feita pela própria ABECS em seu *site*:

> A construção do sistema de autorregulação da indústria de meios eletrônicos de pagamento começou a ganhar vida após dois anos de estudos e debates entre as Associadas e uma empresa de consultoria contratada especificamente para esse fim, tendo como foco principal o relacionamento com os consumidores.
>
> Foi criado um grupo de trabalho para fazer um levantamento bastante minucioso dos principais pontos em comum nas demandas de consumo junto aos órgãos do Sistema Nacional de Defesa do Consumidor e às suas Ouvidorias, nos últimos anos.
>
> Efetivado o levantamento, teve início a construção normativa das condutas do setor, sendo encaminhada ao Banco Central, Departamento de Proteção e Defesa do Consumidor (DPDC/MJ) e outros órgãos e entidades de defesa do consumidor para que pudessem apresentar críticas e/ou sugestões que entendessem oportunas.

Após as considerações recebidas, o texto passou por uma modificação, a fim de incorporar algumas sugestões.

Por fim, em 19 de dezembro de 2008 o Conselho de Ética e Autorregulação da ABECS aprovou o Código de Ética e Autorregulação, determinando o início de sua vigência a partir de 1º de janeiro de 2009.

O Código de Ética e Autorregulação é um sistema de autodisciplina complementar às normas já existentes, cujos princípios fundamentais são (a) a transparência das relações , (b) o respeito e cumprimento à legislação vigente, (c) a expansão sustentável do número de portadores de cartões no mercado brasileiro e de estabelecimentos credenciados, (d) a adoção de comportamento ético e compatível com as boas práticas comerciais; (e) a liberdade de iniciativa, livre concorrência e função social; (f) a proibição de práticas que infrinjam ou estejam em desacordo com o Código de Ética e Autorregulação e, (g) o estímulo às boas práticas de mercado.

Ainda, prevê regras gerais de conduta para as Associadas, englobando políticas de atendimento aos clientes, orientação para o uso consciente do cartão, diretrizes de relacionamento, publicidade consciente e adequação legal.

Além disso, um dos objetivos da Autorregulação é dar maior especificidade ao ordenamento já existente, detalhando, do início ao fim, todo o processo de uso do cartão de crédito, ou seja, da oferta até o seu eventual cancelamento.

Desde então, a Autorregulação da *abecs* vem crescendo e normatizando outros temas relevantes ao setor de meios eletrônicos de pagamento em seus Anexos e Normativos (todos disponíveis, na íntegra, na sessão de normas da Autorregulação).

5.2. Enquadramento na lista de serviços

Na Lista anexa à Lei Complementar nº 116/2003, há dois subitens que tipificam a administração de cartões de crédito no campo de incidência do ISS.

No subitem 15.01, consta a parte da administração de cartões que envolve a administradora e os estabelecimentos credenciados, que corresponde à esmagadora maioria dos valores envolvidos, pois é nesta parte do sistema de cartões que a administradora cobra do estabelecimento credenciado a sua comissão (preço do serviço):

> Item 15.01 – Administração de fundos quaisquer, de consórcio, de cartão de crédito ou débito e congêneres, de carteira de clientes, de cheques pré-datados e congêneres.[81]

---

[81] Importante destacar que o subitem 15.01 não trata apenas da administração de cartões de débito e crédito, compreendendo também a administração de fundos quaisquer, de consórcio, de carteira de clientes, de cheques pré-datados e congêneres". Todos esses serviços ali definidos sofreram a alteração no local de ocorrência do ISS pela Lei Complementar nº 157/2017, deslocando a competência para o Município do tomador de tais serviços. Todavia, nesta obra trabalhamos exclusivamente com a administração de cartões de crédito e débito.

Ademais, vale ressaltar que o subitem 15.14 também versa sobre o contrato de administração de cartões de crédito e débito, mas no tocante à relação existente entre o portador do cartão e a entidade emissora do cartão: *"fornecimento, emissão, reemissão, renovação e manutenção de cartão magnético, cartão de crédito, cartão de débito, cartão salário e congêneres"*. Logo, as tarifas cobradas relativamente a tais serviços, conhecidas como *anuidades*, deverão ser cobradas debaixo dessa tipificação legal.

Diante desses dois subitens – 15.01 e 15.14 da Lista de Serviços do ISS –, é importante relacioná-los com as duas remunerações recebidas pelas administradoras:

Comissão cobrada dos *lojistas e prestadores* de serviços credenciados: subitem 15.01;

Anuidades pagas pelos *portadores* (titulares) dos cartões: subitem 15.14.

Finalmente, as empresas processadoras prestam os serviços tipificados no subitem 15.10 da referida Lista de Serviços: serviços relacionados a cobranças, recebimentos ou pagamentos em geral, de títulos quaisquer, de contas ou carnês, de câmbio, de tributos e por conta de terceiros, inclusive os efetuados por meio eletrônico, automático ou por máquinas de atendimento; fornecimento de posição de cobrança, recebimento ou pagamento; emissão de carnês, fichas de compensação, impressos e documentos em geral.

Importante frisar que a Lei Complementar nº 157/2016 alterou tão somente o local de ocorrência do ISS sobre os serviços descritos no subitem 15.01, de tal forma que o ISS sobre o subitem 15.14 continuará sendo devido no município do local do "estabelecimento prestador" (*caput* do art. 3º c/c art. 4º da LC 116/2003).

Dito de outro modo, na relação contratual entre portador do cartão e banco emitente (subitem 15.14), cuja remuneração se dá através das "anuidades" do cartão, o elemento espacial do ISS continuará sendo o município do "estabelecimento prestador".

Agora, na atividade que envolve a administradora e os estabelecimentos credenciados, cuja retribuição é a comissão retida pelo prestador do serviço em cima da transação paga através do cartão (subitem 15.01), o ISS teve seu local de ocorrência *pulverizado* para os municípios dos tomadores do serviço (novo inciso XXIV do art. 3º da LC 116/2003).

5.3. Objeto da tributação pelo ISS

Inicialmente, vale destacar a enorme relevância dessa tributação, à luz da capacidade contributiva dos contribuintes envolvidos (= grandes instituições financeiras), do número cada vez mais crescente da utilização desse produto financeiro, o que descamba, obviamente, na geração de uma tributação bastante rentável. Ainda sob o ângulo do contribuinte envolvido, tratam-se de empresários de fácil localização, detentores de patrimônio mais do que suficiente para garantir a cobrança (notadamente dinheiro), além de serem agentes econômicos de expressão mundial (ou nacional), o que também reduzir o próprio impacto negativo ("rejeição social") naturalmente visto em qualquer tributação, isto é, não afeta diretamente cidadãos locais ("eleitores"), o que também diminui ou anula qualquer ingerência política nesse trabalho fiscal.

Conforme comenta Rafael Roberto Hage, em seu artigo "A incidência do imposto sobre operações de crédito no âmbito dos cartões de crédito", *in* Revista Dialética de Direito Tributário, n° 190, julho/2011, p. 76:

> O cartão de crédito, atualmente, é um instrumento largamente utilizado por pessoas físicas e jurídicas para o adimplemento de obrigações pecuniárias decorrentes da compra de bens ou da contraprestação de prestações de serviços.
>
> Esse instrumento de movimentação da riqueza na sociedade foi introduzido no Brasil na década de 1960 do século passado e, paulatinamente, vem substituindo o papel-moeda em sua função de meio de pagamento.
>
> Uma característica básica do cartão de crédito é o possível descasamento existente entre o pagamento da fatura por parte do titular do cartão de crédito e o recebimento da contraprestação, pelo vendedor do bem ou prestador de serviço, da administradora do cartão de crédito.

No *site* da ABECS, temos vários indicadores em torno do crescimento vertiginoso nessa atividade em nosso País.

Deverá ser tributado todo e qualquer serviço remunerado prestado pelas empresas administradoras de cartões.

Portanto, não é só a comissão recebida sobre as vendas que deverá ser levada à tributação, mas também as taxas cobradas pelas administradoras, tais como taxas de cadastro, atualização, elaboração de contrato, fornecimento e emissão do cartão etc.

Agora, conforme já salientado, há dois enquadramento distintos para as remunerações das administradoras de cartões:

> *Comissão* recebida dos lojistas e dos prestadores de serviços: subitem 15.01 da Lista;
>
> *Anuidades* recebidas dos portadores: subitem 15.14.

E a "locação" das máquinas de leitura dos cartões (POS – *point of sale*, ponto de serviço, ponto de venda)? Essas máquinas, vale enfatizar, são "alugadas" pelas administradoras, que as cedem temporariamente para os estabelecimentos credenciados.

Mas a pergunta crucial em torno desse terminal é a seguinte: trata-se de uma autêntica e independente locação ou de uma atividade-meio necessária para a consecução do serviço de administração de cartões?

Caso essa cessão seja encarada como um contrato autônomo e independente, a locação será confirmada, com a consequente não incidência do ISS, nos termos da Súmula Vinculante nº 31 do STF.

Todavia, uma vez considerada como uma atividade-meio para o cumprimento do sistema de cartões, a cessão da máquina perde sua autonomia, devendo ser tratada como uma etapa ou insumo da prestação de serviço de administração de cartões de crédito.

Para a resolução dessa dúvida, entendemos que a pergunta mais essencial seja: a locação da máquina tem alguma utilidade fora da administração do cartão de crédito, isto é, o estabelecimento credenciado pode utilizar essa máquina para algum outro fim distinto deste meio de pagamento?

Essa resposta é certamente negativa. Com efeito, esse terminal é *essencial* para a realização do serviço, de tal forma que a cessão da máquina é uma mera atividade-meio, ou seja, está inserida na gama de serviços prestados pela credenciadora para que a administração de cartões seja exercida. Por conseguinte, defendemos a sua incidência como inserida na atividade de administração (15.01).

5.4. Sujeito ativo

Na redação original da Lei Complementar nº 116/2003, essa atividade estava inserida na regra geral de competência, ou seja, ISS devido no local do *estabelecimento prestador*, de acordo com o *caput* do art. 3º.

Entretanto, com o advento da nova Lei Complementar nº 157/2016, temos agora – de modo claro – a tributação descentralizada do imposto das administradoras de cartões de crédito e débito (inciso XXIV do art. 3º e § 4º do art. 6º da LC nº 116/2003).

Ao artigo 3º, inciso XXIV assim dispõe:

Art. 3º O serviço considera-se prestado, e o imposto, devido, no local do estabelecimento prestador ou, na falta do estabelecimento, no local do domicílio do prestador, exceto nas hipóteses previstas nos incisos I a XXV, quando o imposto será devido no local: (...)

XXIV – do domicílio do tomador do serviço no caso dos serviços prestados pelas administradoras de cartão de crédito ou débito e demais descritos no subitem 15.01.

Destarte, os municípios devem adequar suas legislações às novas disposições sobre a matéria, para que no ano seguinte já possam tributar os serviços das administradoras de cartões de crédito e débito realizados em seus territórios, por força do princípio constitucional da anterioridade do exercício financeiro (art. 150, III, "b", CF).

Aliás, essa alteração legislativa também deverá respeitar a noventena, isto é, o prazo mínimo de noventa dias previsto no art. 150, III, "c", da Constituição.

Tal mudança no local de ocorrência já está sendo objeto de discussão no Supremo Tribunal Federal, através da ADI 5.835. Abordamos essa ação direta de inconstitucionalidade no item 10 deste livro.

5.5. Sujeito passivo

5.5.1. Administradoras de cartões

As administradoras, normalmente com sede em Barueri, são inequivocamente contribuintes do ISS, já que elas executam a "administração" no Brasil inteiro.

No entanto, acreditamos que os bancos, que possuem agências na grande maioria dos municípios, também podem ser taxados de "contribuintes", precisamente por praticar – juntamente com as administradoras de cartões – a referida atividade.

Expliquemos melhor no item subsequente.

5.5.2. Bancos

Na visão da doutrina, solidariedade é modalidade de sujeição passiva tributária indireta por transferência, ao lado da sucessão e da responsabilidade legal, contrapondo-se à substituição tributária.

Em matéria tributária, há solidariedade:

• quando verificada a ocorrência de interesse comum (art. 124, I, do CTN); ou

- quando a lei (no caso a municipal) assim dispuser (art. 124, II, do CTN). Claro que não deve ser ignorado o art. 128 do CTN, que exige ao menos uma vinculação com o fato gerador para que alguém possa ser eleito responsável tributário.

A nosso ver, há evidente interesse comum entre "administradora" e o banco em cuja agência foi "prestado o serviço". Ora, o banco ganha comissão pela intermediação da contratação dos cartões (item 10 da Lista); a administradora se vale do espaço físico e empregados do banco; este participa da administração realizada e tem acesso ao seu sistema eletrônico.

Essa *intimidade* ou *ligação umbilical* entre administradora e instituição financeira, além de ser facilmente deduzida a partir de uma análise da (complexa) funcionalidade do sistema de cartões, também é encontrada e comprovada nos próprios contratos celebrados entre administradora e estabelecimentos credenciados. No caso do contrato da CIELO:

> Cláusula 26. O CLIENTE deverá indicar o DOMICÍLIO BANCÁRIO para cada uma das INSTITUIDORAS DE ARRANJO DE PAGAMENTO dentre as instituições financeiras participantes do SISTEMA CIELO que estiverem autorizadas pela CIELO naquele momento para serem designadas como DOMICÍLIOS BANCÁRIOS.
>
> Parágrafo Primeiro – Mediante a adesão do CLIENTE a este CONTRATO, o CLIENTE expressamente autoriza, de forma irrevogável e irretratável, que por ordem da CIELO, a instituição financeira efetue em seu DOMICÍLIO BANCÁRIO, lançamentos a crédito, débito, estorno de valores e outros previstos neste CONTRATO, além de outros valores devidos à CIELO a qualquer título, independentemente de prévia consulta do CLIENTE ou de qualquer outro ato ou formalidade legal ou documental.
>
> Parágrafo Segundo – Excepcionalmente, caso a CIELO não consiga, por qualquer motivo, realizar os lançamentos a débito ou a crédito no DOMICÍLIO BANCÁRIO indicado para determinada INSTITUIDORA DE ARRANJO DE PAGAMENTO, poderá realizar os referidos lançamentos em qualquer DOMICÍLIO BANCÁRIO que o CLIENTE tenha indicado para a CIELO, ainda que para outras INSTITUIDORAS DE ARRANJO DE PAGAMENTO".

Outra cláusula deste contrato que denuncia a coparticipação do banco na administração de cartão de crédito e débito é que o mesmo também é remunerado pela comissão paga pelo estabelecimento credenciado. Neste sentido, essa cláusula da empresa CIELO:

> "Cláusula 24 – Em decorrência dos serviços previstos no CONTRATO, o CLIENTE pagará uma REMUNERAÇÃO, da qual uma parte remunerará os serviços prestados pelo EMISSOR do respectivo CARTÃO ou MEIO DE PAGAMENTO e a outra parte remunerará os serviços prestados pela CIELO.

A soma desses fatos nos faz enxergar ambos os *partícipes* (administradoras e bancos) como responsáveis solidários da obrigação de recolher o ISS.

A doutrina corrobora este pensamento acerca da matéria:

(...) Essa responsabilidade há de ser atribuída a quem tenha relação com o fato gerador, isto é, a pessoa vinculada ao fato gerador da respectiva obrigação (CTN, art. 128). Não uma vinculação pessoal e direta, pois em assim sendo configurada está a condição de contribuinte. Mas é indispensável uma relação, uma vinculação, com o fato gerador para que alguém seja considerado responsável, vale dizer, sujeito passivo indireto. (Hugo de Brito Machado, in Curso de Direito Tributário. 24ª ed., São Paulo: Malheiros, 2004, p. 148).

(...) A lembrança desse obstáculo sobranceiro impede que o legislador ordinário, ao expedir a regra-matriz de incidência do tributo que cria, traga para o tópico de devedor, ainda que solidário, alguém que não tenha participado da ocorrência do fato típico. Ninguém pode ser compelido a pagar tributo sem que tenha realizado, ou participado da realização de um fato, definido como tributário pela lei competente. (Paulo de Barros Carvalho, in Curso de Direito Tributário; 10ª ed., São Paulo: Saraiva, 1998, p. 226).

A jurisprudência do STJ, embora não acolhendo a solidariedade nos julgados abaixo, dá sustentação fático-normativa à tese aqui desenvolvida:

(...) Destarte, a situação que evidencia a solidariedade, quanto ao ISS, é a existência de duas ou mais pessoas na condição de prestadoras de apenas um único serviço para o mesmo tomador, integrando, desse modo, o pólo passivo da relação. Forçoso concluir, portanto, que o interesse qualificado pela lei não há de ser o interesse econômico no resultado ou no proveito da situação que constitui o fato gerador da obrigação principal, mas o interesse jurídico, vinculado à atuação comum ou conjunta da situação que constitui o fato imponível. (REsp 884.845/SC, 1ª Turma, relator Ministro Luiz Fux).

(...) Para se caracterizar responsabilidade solidária em matéria tributária entre duas empresas pertencentes ao mesmo conglomerado financeiro, é imprescindível que ambas realizem conjuntamente a situação configuradora do fato gerador, sendo irrelevante a mera participação no resultado dos eventuais lucros auferidos pela outra empresa coligada ou do mesmo grupo econômico. (REsp 834044/RS, Rel. Ministra DENISE ARRUDA, Primeira Turma, julgado em 11.11.2008, DJe 15.12.2008).

PROCESSUAL CIVIL E TRIBUTÁRIO – EMPRESA DE MESMO GRUPO ECONÔMICO – SOLIDARIEDADE PASSIVA. Inexiste solidariedade passiva em execução fiscal apenas por pertencerem as empresas ao mesmo grupo econômico, já que tal fato, por si só, não justifica a presença do 'interesse comum' previsto no art. 124 do Código Tributário Nacional. Precedente da Primeira Turma (REsp 859.616/RS, Rel. Min. Luiz Fux, DJU de 15.10.07). Recurso especial não provido. (REsp 1.001.450/RS, 2ª Turma, Rel. Min. Castro Meira, DJe de 27.3.2008).

In casu, verifica-se que o Banco Safra S/A não integra o pólo passivo da execução, tão somente pela presunção de solidariedade decorrente do fato de pertencer ao mesmo grupo econômico da empresa Safra *Leasing* S/A Arrendamento Mercantil. Há que se considerar, necessariamente, que são pessoas jurídicas distintas e que referido banco não ostenta a condição de contribuinte, uma vez que a prestação de serviço decorrente de operações de *leasing* deu-se entre o tomador e a empresa arrendadora. (REsp nº 884.845).

O enquadramento como "interesse comum" pressupõe que duas ou mais pessoas realizem conjuntamente o fato gerador do tributo. No caso da solidariedade no campo do ISS sobre a administração de cartão de crédito e débito, haverá o interesse comum quando uma outra pessoa (banco) realizar o núcleo do fato gerador do imposto (é dizer, o meio de pagamento), juntamente com a sociedade arrendadora.

Na essência, lembrando que a administração de cartão de crédito e débito é um meio de pagamento, quem efetua financeiramente o pagamento da transação para o estabelecimento credor é exatamente o banco, ou seja, o banco é quem executa a etapa final do contrato, que é justamente a que importa para o tomador.

Destarte, em virtude da solidariedade existente entre administradoras e bancos, estes últimos seriam igualmente contribuintes do ISS incidente sobre a atividade prevista nos subitens 15.01 e 15.14 da Lista de Serviços.

Conforme leciona Hugo de Brito Machado, essa responsabilidade solidária por interesse comum se dará "mesmo que a lei específica do tributo em questão não o diga. É uma norma geral, aplicável a todos os tributos".[82]

Dessa forma, a aplicação da solidariedade entre administradora e o banco pagador independe de previsão específica em lei municipal, decorrendo diretamente do art. 124, I, do CTN.

Ainda a respeito da (co)participação ativa do banco pagador, ele vem sempre definido expressamente em contrato e o seu papel é de uma relevância crucial no fechamento da operação de cartão (crédito e débito).

Cabe ao estabelecimento credenciado escolher e apontar um banco, que será explicitamente consignado no instrumento contratual. Essa instituição financeira pagadora é quem *perfectibilizará* o contrato de cartão.

Ora, qual é a finalidade do contrato (ou sistema) de cartão de crédito senão a de meio de pagamento! Meio de pagamento, vale dizer, entre o consumidor (portador do cartão) e o estabelecimento

---

[82] *Curso de direito tributário*, 10ª ed., São Paulo, Malheiros, 2004, p. 149.

credenciado. E esse pagamento é realizado conclusiva e exatamente pela instituição financeira, em cooperação com a administradora (credenciadora), em prol do estabelecimento credenciado, o que certifica sua participação ativa e essencial na obrigação ensejadora do fato gerador do ISS (subitem 15.01). Enfim, inegável o interesse comum entre administradora e instituição financeira pagadora. E, como já destacado, esse interesse comum é reforçado com a comprovação de que parte da comissão paga pelo estabelecimento credenciado vai para a administradora e outra para a instituição financeira.

A instituição financeira é, assim, *contribuinte* do ISS sobre administração de cartões, e não um *responsável* tributário. A relação da instituição financeira com o fato gerador do ISS sobre a administração de cartões é *direta*, e não indireta. A instituição financeira não é um terceiro alheio à relação contratual, mas sim um copartícipe da administradora.

Por isso, o Município pode fiscalizar e cobrar o ISS sobre administração de cartões isolada ou diretamente da instituição financeira, inclusive no que tange à exigência de obrigações acessórias, no sentido de prestar informações relativas aos *valores pagos* pela instituição financeira em favor de estabelecimentos tomadores localizados em seus territórios e/ou, ainda, informações sobre as *comissões recebidas* pela instituição financeira em função do serviço de administração de cartões coprestados aos estabelecimentos credenciados com domicílio em seu território.

E exatamente pela solidariedade existente entre ambos (administradoras e bancos, e até mesmo entre estes e as bandeiras), não se faz possível qualquer dedução (da base de cálculo do ISS) das importâncias repassadas pelas administradoras aos seus copartícipes.

Por fim, como estamos tratando de responsabilidade por solidariedade, o Município pode cobrar o ISS total devido da administradora ou da instituição financeira, sem admitir qualquer dedução nos termos do art. 124, parágrafo único, do *Codex* Tributário.

5.5.3. Substituição tributária

Essa tributação comporta a adoção da técnica da substituição tributária, no sentido de transferir a responsabilidade tributária do prestador (administradora e banco) para os tomadores do serviço pessoa *jurídica*, isto é, os estabelecimentos credenciados.

Essa transferência encontra base no art. 6º, *caput*, da Lei Complementar nº 116/2003, eis que os tomadores são pessoas vinculadas ao fato gerador do imposto.

Sobre a eleição de pessoas *físicas*, entendemos que essa substituição poderá ser questionada no Judiciário, por violação aos princípios da proporcionalidade e da razoabilidade. Além disso, por envolver um universo pequeno de valores (bases de cálculo) e a maior dificuldade de se fiscalização uma pessoa física, até mesmo por uma questão de praticidade essa alternativa merece ser descartada.

Agora, essa ressalva não se estende para as pessoas físicas equiparadas a pessoas jurídicas, como é o caso de empresários individuais, que, aí sim, poderão ser validamente escolhidos como substitutos tributários.

Outro ponto importante para ser avaliado é se vale a pena eleger indistintamente todos os tomadores de serviços de administração de cartões, ou apenas parte deles que corresponda aos maiores valores. Neste sentido, a legislação pode utilizar os seguintes critérios para a transferência da responsabilidade tributária (isolada ou cumuladamente): porte da empresa; listar algumas atividades sujeitas à substituição tributária; regime de tributação (empresas que estiverem fora do Simples Nacional, por exemplo); eleger apenas os contribuintes do ISS (prestadores de serviços do município que são tomadores deste serviço de administração de cartões) etc.

A substituição tributária, por se referir a um aspecto da hipótese de incidência, deve ser definida por lei municipal, em respeito ao princípio da legalidade tributária. Por outro lado, entendemos que a instituição ou alteração na sistemática da substituição tributária não está submetida ao princípio da anterioridade, uma vez que não implica o aumento ou na criação de um tributo.

Certamente, na eventual implantação da substituição tributária, os tomadores do serviço de administração de cartões (ou seja, os estabelecimentos credenciados) provavelmente invocarão alguma ilegalidade ou inconstitucionalidade desta transferência de responsabilidade, uma vez que eles não conseguiriam reter o ISS do prestador do serviço.

Com efeito, a administradora já repassa o valor da transação com o desconto de sua comissão e de outras eventuais taxas, de tal forma que o estabelecimento credenciado já recebe apenas o líquido. Logo, o encargo do ISS ficaria com o tomador e não com o prestador do serviço.

O art. 6º, § 1º, da Lei Complementar nº 116/2003 expressamente autoriza a responsabilidade por transferência "independentemente de ter sido efetuada sua retenção na fonte".

Ademais, não procede a alegação de ilegalidade ou inconstitucionalidade porque o encargo do ISS seria transferido para o tomador do serviço, uma vez que o ISS já é, por excelência, um tributo *indireto*, cujo ônus já é normalmente repassado para o tomador do serviço, na condição de *contribuinte de fato*. Portanto, essa transferência não traz, na essência, nenhuma novidade.

Caso seja aprovado o Projeto de Lei Complementar – PLS nº 445/2017 –, que institui o padrão nacional de obrigação acessória de ISS, a substituição tributária não poderá ser implantada. Sobre este projeto de lei complementar, tratamos dele no subitem 8.2 deste livro.

6. Procedimentos de fiscalização

6.1. Início da ação fiscal

Quando se considera iniciada a fiscalização? Com a prática de qualquer ato do agente fiscal visando à apuração do fato gerador do tributo ou de eventual infração à legislação tributária praticada pelo sujeito passivo.

O CTN, no seu art. 196, exige a lavratura prévia do TIF (Termo de Início de Fiscalização) para qualquer atividade fiscal a ser desenvolvida. E mais, no mesmo documento deverá estar fixado prazo máximo para a conclusão da fiscalização, sob pena de nulidade do termo de início e de todos os atos seguintes por vício formal.

A forma a ser adotada é a prevista na *legislação aplicável* (no caso, a tributária). Com isso, está o CTN a dizer que os procedimentos fiscais poderão ser previstos em atos infralegais, como decretos e instruções normativas.

O TIF afasta a denúncia espontânea, mas não "interrompe" a decadência, isto é, não recomeça a contagem dos cinco anos para a constituição do crédito a partir da *medida preparatória ao lançamento*, nos termos do art. 173, parágrafo único, do CTN. Esta é a posição atual do STJ, que já entendeu o contrário.

É possível a revisão de uma fiscalização que já fora expressamente homologada em momento anterior? Não há nenhuma lei de caráter nacional que impeça a revisão. Desse modo, é possível a revisão desde que a autuação esteja dentro do prazo decadencial e seja observada a regra do art. 146 do CTN (proibição da extensão de novo entendimento jurídico a fatos geradores passados). É o que a doutrina chama de "erro de direito", que impede a revisão do lançamento.

6.1.1. Fiscalização orientadora

Também denominado de "critério da dupla-visita" ou "fiscalização pedagógica", é o procedimento pelo qual se dá uma chance ao contribuinte de regularizar suas pendências tributárias constatadas pela fiscalização numa primeira visita, sem a aplicação das chamadas multas sancionatórias (50%, 60%, 75%, etc., do tributo devido).

Inexiste norma geral determinando tal procedimento. A LC nº 123/06 (do Simples Nacional) inseriu esse critério em fiscalizações de outras ordens (trabalhista, metrológica, sanitária, ambiental e de segurança), mas não na tributária. Assim, nem mesmo para as ME/EPP há exigência nesse sentido. Ao contrário, nas fiscalizações sobre as ME/EPP optantes do Simples Nacional a multa mínima é de 75% do tributo devido.

Após o advento da LC nº 155/2016, a fiscalização orientadora "poderá" ser adotada pelos entes tributantes para as ME/EPP optantes pelo Simples Nacional. Tal possibilidade foi regulamentada pela Resolução CGSN nº 135/2017.

Entretanto, as estatísticas atuais indicam ser a fiscalização orientadora o melhor caminho para o crescimento da arrecadação. Dados oficiais do Instituto Brasileiro de Planejamento Tributário apontam que dos tributos arrecadados em nosso País:

- 59% advêm de recolhimento voluntário;
- 39% de mecanismos indiretos (substituição tributária ou retenção na fonte); e
- apenas 2% de autuações.

Portanto, é conveniente instituir em Lei Municipal o critério referido da "fiscalização pedagógica". Em Bauru/SP, tal sistemática é adotada há 17 anos e tem surtido excelentes resultados.

6.1.2. Denúncia espontânea

Nos termos do art. 138 do CTN, ocorre a denúncia espontânea quando o sujeito passivo se adianta e regulariza sua situação fiscal antes de qualquer medida de fiscalização.

A simples declaração de movimentação econômica configura denúncia espontânea? Não, ela deverá ser acompanhada do pagamento do tributo devido.[83]

---

[83] Processo AgRg no REsp nº 1148814/PR – AGRAVO REGIMENTAL NO RECURSO ESPECIAL 2009/0133547-9 – Relator(a) Ministro BENEDITO GONÇALVES (1142) – Órgão Julga-

E o parcelamento, substitui o pagamento? Não, nesse caso, a multa deverá ser aplicada.[84]

O termo "denúncia", no entanto, deve ser entendido como algo desconhecido por parte da Fazenda Pública. Assim, a comunicação da falta, por exemplo, da entrega da declaração do IR, não se encaixaria como "denúncia espontânea" para fins de afastamento da multa isolada, justamente porque o sistema da Receita Federal identifica – de antemão – quem entregou ou não a aludida declaração.[85]

Quais multas serão excluídas no caso de denúncia espontânea? As sancionatórias e as moratórias.

O STJ vem entendendo que a denúncia espontânea não se aplica às obrigações acessórias.

6.2. Poder de polícia da fiscalização tributária

A fiscalização tributária tem o poder de exigir a apresentação de livros obrigatórios por lei (contábeis, tributários, trabalhistas e comerciais), ainda que não inseridos na competência tributária do Município. Até mesmo os livros não obrigatórios, desde que constatada a sua existência, podem ser exigidos pelo Fisco.

---

dor T1 – Primeira Turma – Data do Julgamento 2.2.2010 – DJe 8.2.2010: "PROCESSUAL CIVIL – TRIBUTÁRIO – AGRAVO REGIMENTAL EM RECURSO ESPECIAL – MANDADO DE SEGURANÇA – IRRF – DCTF DESACOMPANHADA DO RECOLHIMENTO TRIBUTÁRIO – DESNECESSIDADE DE ATO ADMINISTRATIVO PARA A CONSTITUIÇÃO DO CRÉDITO TRIBUTÁRIO – DENÚNCIA ESPONTÂNEA – INEXISTÊNCIA. 1. Agravo regimental no qual se sustenta que a entrega da DCTF desacompanhada do pagamento não inibe a caracterização da denúncia espontânea. 2. Por ocasião do julgamento do REsp n° n° 962.379/RS, escolhido representativo da controvérsia, nos termos do art. 543-C do CPC, a Primeira Seção do STJ reafirmou o entendimento de que a denúncia espontânea não é caracterizada, quando a apresentação da DCTF é realizada desacompanhada do respectivo pagamento integral. 3. Agravo regimental não provido."

[84] Processo AgRg no Ag n° 1163573/GO – AGRAVO REGIMENTAL NO AGRAVO DE INSTRUMENTO 2009/0044576-8 – Relator(a) Ministra ELIANA CALMON (1114) – Órgão Julgador T2 – Segunda Turma – Data do Julgamento 20.4.2010 – DJe 3.5.2010: "PROCESSUAL CIVIL E TRIBUTÁRIO – PARCELAMENTO DE DÉBITO – DENÚNCIA ESPONTÂNEA – INAPLICABILIDADE – ENTENDIMENTO REAFIRMADO POR ESTA CORTE NO JULGAMENTO DO REsp n° 1.102.577/DF, SUBMETIDO AO REGIME DO ART. 543-C DO CPC. 1. O instituto da denúncia espontânea (art. 138 do CTN) não se aplica nos casos de parcelamento de débito tributário. 2. Agravo regimental não provido."

[85] Contra essa assertiva leciona o professor Hugo de Brito Machado, em seu *Curso de Direito Tributário* (Saraiva, 2004, p. 161): "O cumprimento de uma obrigação acessória fora do prazo legal configura nitidamente uma forma de denúncia espontânea da infração, e afasta, portanto, a responsabilidade do sujeito passivo. Assim, se alguém faz a sua declaração de rendimentos fora do prazo legal, mas o faz espontaneamente, porque antes de qualquer procedimento fiscal, nenhuma penalidade é cabível. Lei ordinária que estabelece o contrário é desprovida de validade, porque conflitante com o art. 138 do Código Tributário Nacional."

O projeto federal do "Código de Defesa do Contribuinte" pretende restringir o campo de análise do Fisco, limitando a exigência quanto a livros de competência do ente tributante. No entanto, tal projeto até hoje está parado e não há nenhuma norma vigente no ordenamento nacional que limite o direito do Fisco de examinar livros e demais documentos. Isto está claro no art. 195 do CTN.

No que tange à apreensão de documentos, o art. 200 do CTN admite inclusive o auxílio de força policial para tanto, mesmo sem mandado judicial. Basta que estejam configuradas as ações de embaraço, resistência ou desacato às autoridades fiscais.

Todavia, o art. 200 do CTN deve ser interpretado em conjunto com o art. 5º, XI, da CF. O domicílio, em regra, é inviolável, sendo razoável entender-se o mesmo para as partes internas de um estabelecimento comercial, de uso privativo dos sócios, gerentes e empregados de uma empresa.

Assim, admite-se revista no estabelecimento comercial do fiscalizado se houver a concordância do fiscalizado ou a documentação se encontrar em local de acesso ao público. De outra sorte, caso seja necessária a vasculha em lugares restritos, a medida então dependerá de mandado judicial.

Qual a medida judicial adequada para compelir o contribuinte a apresentar a documentação exigida? Ação de busca e apreensão. A ação cautelar de exibição de documento ou coisa vem sendo repelida pela jurisprudência em razão da *falta de interesse processual*. Exatamente porque a própria fiscalização pode apreender a documentação (quando em local público) ou mesmo efetuar o arbitramento da base tributável.

6.3. Ônus da prova do fato gerador

A quem compete a prova do fato imponível da obrigação tributária? Ao Fisco ou ao contribuinte? Vigora a presunção de legitimidade do lançamento efetuado?

A doutrina nacional é assente no sentido de que o Fisco deve sempre provar a ocorrência do fato gerador, conclusão inafastável diante da própria redação do art. 142 do CTN.

É possível, contudo, presumir-se o *quantum debeatur* do tributo (nesse passo, pode a fiscalização lançar mão do arbitramento, técnica que conta com o abono de nossa jurisprudência), trespassando ao contribuinte o ônus de comprovar o contrário do que afirma o Fisco, desqualificando o lançamento.

Essa possibilidade é jurídica, mas encontra uma severa limitação: a lei. Com efeito, as presunções, ficções e indícios no campo tributário devem ser aplicados com muita parcimônia e desde que sempre previstos expressamente em lei. Mesmo assim, não se admitem meras suposições para o nascimento da obrigação tributária, que, como visto, deverá ser contundentemente comprovado pela fiscalização (art. 142 do CTN)[86].

Esse problema é corriqueiro nos encerramentos retroativos de inscrição, quando o contribuinte é obrigado a provar a sua inatividade pretérita se não quiser arcar com os lançamentos automáticos de tributos (normalmente relativos à taxas de polícia, ISS fixo ou estimado).[87]

Na realidade, é o Fisco que deve provar o exercício da atividade. Em não o fazendo, tem que cancelar o cadastro com a data indicada pelo contribuinte.

Veremos no capítulo próprio como deve ser efetuado o arbitramento da base de cálculo do ISS incidente sobre o *leasing* e sobre as operações com cartões de crédito e débito.

6.4. Notificações e Intimações

Podemos elencar as seguintes modalidades de notificação e intimação efetuadas no processo administrativo tributário:

---

[86] É o que defende Roque Carrazza em obra clássica (p. 465-468): "De tudo o que foi escrito colige-se que a segurança jurídica só permite que o agente fiscal efetue o lançamento se tiver efetivo conhecimento da ocorrência do fato imponível. Também só lhe é dado lavrar o auto de infração tendo real ciência de determinados fatos que, em tese, tipificam ilícitos tributários. E, ao lançar ou lavrar o auto de infração, deve observar os procedimentos formais, previstos em lei, para provar que tais fatos ocorreram. (...) Conjecturas, indícios, intuições, positivamente não são meios de prova. São, quando muito, pressupostos de meios de prova, que absolutamente não podem levar a lançamentos tributários ou à imposição de sanções fiscais. Sem aquilo que Francesco Coppola chama, com muita felicidade, de 'batismo da certeza´, que só as verdadeiras provas fornecem, não há como tributar ou sancionar a quem quer que seja. Por força do princípio da segurança jurídica, a utilização destas mentiras técnicas só pode decorrer de norma jurídica expressa. Mesmo assim, ela nunca jamais pode transformar um inocente num culpado, nem uma pessoa estranha ao fato imponível num contribuinte."

[87] O mesmo autor hostiliza essa conduta (*Curso de Direito Constitucional Tributário*. São Paulo: Malheiros, 2007, p. 457): "(...) Em síntese, o direito constitucional de ser presumido inocente acarreta para o Estado o dever incontornável de provar cabalmente a prática da infração (o ônus da prova é sempre do acusador). Não se pode exigir da defesa produção de provas referentes a fatos negativos (provas diabólicas)."

- *real*: pessoal ou via correio, dependendo do que dispuser a legislação municipal;
- *presumida*: por edital, só admitida após o insucesso comprovado da notificação real;
- *eletrônica*: é possível desde que prevista na legislação municipal.

Pergunta-se: na notificação real, a assinatura do próprio contribuinte é obrigatória?

Não. Doutrina e Jurisprudência admitem, no caso de pessoa jurídica, a assinatura de preposto.[88] Já no caso de pessoa física, é válido o recebimento por pessoa da mesma família (TJ/SP – Agravo de Instrumento n° 7328238500).

O contador da empresa – que não é seu funcionário, mas presta serviços a ela – pode assinar uma notificação endereçada ao seu cliente? Somente se tiver procuração com poderes especiais para tanto. O mesmo ocorre com o advogado do sujeito passivo.

Portanto, não adianta colher a assinatura apenas do contador de um contribuinte que fora autuado; é necessária também a sua ciência.

6.5. Arbitramento da base de cálculo

O arbitramento supre a falta de apresentação de documentos? Sim, mas até o momento em que forem apresentados!

No Direito Tributário, impera a *verdade real*, que sempre prevalecerá sobre a verdade formal. No entanto, se as declarações do

---

[88] Processo REsp n° 692427/MT – RECURSO ESPECIAL n° 2004/0137360-2 – Relator(a) – Ministro JOSÉ DELGADO (1105) – Órgão Julgador T1 – Primeira Turma – Data do Julgamento 17.2.2005: "PROCESSUAL CIVIL E TRIBUTÁRIO – RECURSO ESPECIAL – CONSTITUIÇÃO DO CRÉDITO TRIBUTÁRIO – RECEBIMENTO DA NOTIFICAÇÃO PELOS CORREIOS – AVISO DE RECEBIMENTO ASSINADO POR PREPOSTO E POSTERIORMENTE ENTREGUE AO REPRESENTANTE LEGAL DA EMPRESA – VALIDADE. 1. Débitos de ICMS da recorrente referentes aos meses de janeiro a maio/1990. Fiscalização da Fazenda estadual em 20.12.1995. Notificação para pagamento emitida, via Correios, em 22.12.1995, alegando o embargante que só a teria recebido no fim de janeiro/1996, após o prazo decadencial. Sentença acatando a decadência alegada. Acórdão do TJMT dando provimento à apelação da Fazenda e à remessa oficial, considerando como data de ciência a constante do aviso de recebimento da correspondência. Recurso especial sustentando, em síntese, que o art. 173, parágrafo único, do CTN faz expressa menção à notificação do sujeito passivo quanto à constituição do crédito tributário, o que não teria ocorrido, uma vez que foi outra pessoa que recebeu a comunicação do débito, transmitindo o documento a quem de direito apenas após o prazo decadencial. 2. O Tribunal, analisando os documentos trazidos ao processo, concluiu pela expedição e recebimento regular da notificação mencionada pelo art. 173, parágrafo único, do CTN antes do prazo decadencial. 3. Havendo recebimento da notificação emitida pela Fazenda Estadual pelo representante legal da empresa, afasta-se a impropriedade do receptor da correspondência, sendo irrelevante o lapso temporal decorrido entre a assinatura do aviso de recebimento e a efetiva entrega da carta ao seu destinatário. Aplicação da teoria da aparência. Mora não atribuível ao ente público, não podendo prejudicá-lo. 4. Recurso especial não provido.

contribuinte não merecerem fé ou o mesmo se nega a exibir a documentação fisco-contábil à fiscalização, é possível arbitrar a base de cálculo do ISS, como vem decidindo os tribunais brasileiros.[89]

O arbitramento só tem validade quando observado o processo regular expressamente previsto em lei, assegurados o contraditório e a ampla defesa. É o que determina o art. 148 do CTN.

Aliás, a Administração Tributária Municipal deve engendrar esforços para tributar com base nos valores *reais*.

6.5.1. Arrendadoras mercantis

No tocante ao *leasing*, *i*sso pode ser feito, em primeiro lugar (a começar), pela intimação da sociedade arrendadora, bem como da agência bancária local. Mas esta não é a única alternativa que resta ao Município.

Com efeito, a fiscalização municipal também pode buscar essa verdade real através das arrendatárias, principalmente com relação às pessoas jurídicas. Essas informações ("delações") poderão ser obtidas tanto através da criação de obrigações acessórias, como, também, por meio de intimações individuais para cada tomador do serviço (arrendatária).

Ademais, também poderão ser acionados pelo Município outras pessoas que participaram da celebração do contrato de arrendamento mercantil, como é o caso das concessionárias e revendedoras de veículos. Essas informações poderão ser obtidas também, por via de obrigações acessórias ou intimações.

Enfim, é importante registrar que o arbitramento fiscal deve ser utilizado como uma *última alternativa*, jamais como *regra*.

---

[89] O julgado abaixo do TJ/SP expressa tal entendimento – Agravo de Instrumento nº 990100504843 – Relator(a): Geraldo Xavier – Comarca: São Paulo – Órgão julgador: 14ª Câmara de Direito Público – Data do julgamento: 25.3.2010 – Data de registro: 15.4.2010: "Agravo do instrumento. Mandado de segurança. Indeferimento de pedido de medida liminar. Imposto sobre serviços de qualquer natureza. Período de janeiro de 2003 a dezembro de 2006. Alegação de decadência quanto aos créditos relativos ao exercício de 2003. Improcedência. Inexistência de pagamento antecipado. Lançamento de ofício em dezembro de 2008, antes de passados cinco anos do primeiro dia útil do exercício seguinte àquele em que o ato poderia ter sido efetuado. Aplicação do art. 173, 1, do Código Tributário Nacional. Precedente do Superior Tribunal de Justiça. Lançamentos fiscais por arbitramento. Alegação de nulidade por inobservância dos requisitos previstos no art. 148 do Código Tributário Nacional. Improcedência. Não apresentação das notas fiscais correspondentes aos serviços prestados. Falta de esclarecimentos. Presença dos pressupostos do lançamento por arbitramento. Reclamação e recurso no âmbito administrativo. Exercício da ampla defesa assegurado. Não configuração de *fumus boni iuris* e de *periculum in mora*. Recurso denegado."

Também não se pode presumir, pelo "costume" ou "experiência", que as sociedades arrendadoras ou agências bancárias locais não passarão essas informações. Obviamente, é descabida a opção pelo arbitramento sob o frágil argumento de que seria mais fácil para a Administração Tributária!

No artigo "Imposto sobre a prestação de serviços de qualquer natureza. Contrato de *Leasing* financeiro. Decisão do Supremo Tribunal Federal. Local da prestação e base de cálculo", publicado na *Revista Dialética de Direito Tributário* nº 182, novembro/2010, p. 143-144, Humberto Ávila apresenta seu entendimento contrário à adoção do arbitramento para o ISS sobre o *leasing* financeiro. Seus ensinamentos merecem ser transcritos para enriquecer esse debate:

> 2.4.31. Outro ponto relevante concerne à impossibilidade de arbitramento para apurar o valor do serviço.
>
> 2.4.32. Isso porque o arbitramento só pode ser efetivado se preenchidos os requisitos legais, os quais, porém, não estão presentes no caso em pauta. O artigo 148 do Código Tributário Nacional permite o arbitramento somente quando o cálculo do tributo tenha por base o valor de bens, direitos, serviços ou atos jurídicos e as informações ou documentos do sujeito passivo sejam omissos ou não mereçam fé. Inexistindo omissão ou irregularidade nas informações prestadas, ausente a causa para ao arbitramento.
>
> 2.4.33. Assim, quanto – e somente quando – as informações ou documentos do sujeito passivo sejam omissos ou não mereçam fá é que pode ser feito o arbitramento. Mas, sendo ele cabível, deverá ser feito mediante a utilização de elementos que sejam adequados a dimensionar o esforço humano empreendido, e não a calcular qualquer outra realidade. Insista-se nisto: o uso do arbitramento não pode desnaturar o imposto, transformando um imposto sobre serviço em um imposto sobre o patrimônio ou sobre a renda; ele deve, isto sim, ser utilizado com o propósito exclusivo de dimensionar o valor do serviço. Arbitramento não é arbitrariedade. Isso significa que ainda que haja causa para o arbitramento, ele deverá ser baseado em elementos que mantenham uma relação razoável de correspondência com o esforço humano empreendido.
>
> 2.4.34. Em face disso, fica claro que, se cabível fosse o arbitramento, ele necessariamente envolveria o valor do serviço (contraprestações devidas pelo arrendatário para a arrendadora recuperar o custo de depreciação do bem mais os custos do financiamento). E a lei, ao prever a competência da autoridade para arbitrar o valor ou o preço de bens, direitos, serviços ou atos jurídicos, obviamente não permite que o valor do serviço seja o valor dos bens, direitos ou atos jurídicos porventura existentes. Ora, quando o cálculo do tributo tenha por base o valor ou o preço de serviços, a autoridade lançadora, mediante processo regular, arbitrará o valor ou preço do serviço, é claro.
>
> 2.4.35. Ainda que o Fisco não disponha de outros elementos a não ser a nota fiscal do bem, não pode considerar nem este o valor da base de cálculo do ISS, nem o valor de mercado do bem arrendado, nem o Valor Residual Garantido. Conforme

já foi dito, esses valores correspondem ao patrimônio da empresa de *leasing*, e não à receita do arrendamento mercantil. Ou seja, eles não mantêm relação razoável de correspondência com o esforço humano empreendido, afastando o critério utilizado para fixar a base de cálculo da materialidade tributária prevista na regra de competência. E ainda servem de base de cálculo a outros tributos. Repita-se: apenas o valor pago pelo arrendatário como contraprestação para que a arrendadora recupere o custo do bem arrendado durante o prazo contratual da operação e, adicionalmente, obtenha um retorno sobre os recursos investidos, pode servir de base de cálculo do ISS. Por isso, esse quantum poderia ser objeto de arbitramento pela fiscalização.

2.4.36. Ademais, a utilização de qualquer outro parâmetro, sem ser o esforço humano empreendido, pra dimensionar o valor do serviço violaria o postulado da razoabilidade-equivalência: qualquer medida do poder público deve guardar uma relação de equivalência entre a medida adotada e o critério que a dimensiona. Cobrar o imposto sobre serviço sobre o valor do veículo é o mesmo que exigir taxa que ultrapasse o custo do serviço prestado ou posto À disposição, hipótese afastada pelo Supremo Tribunal Federal por irrazoável. Qualquer que seja o critério de valoração do serviço, deverá ser ele representativo do esforço humano empreendido, o que certamente não ocorre com o valor do veículo ou do financiamento.

2.4.37. Essas considerações demonstram o descabimento do arbitramento no caso em pauta. Não sendo ele cabível, considerações a respeito de avaliações contraditórias são impertinentes. A avaliação contraditória só torna relevante depois de admitido o uso do arbitramento, não antes. E mesmo admitido o arbitramento, pode ser ele contestado pela sua própria falta de razoabilidade, mesmo sem prova em contrário. A ausência manifesta de razoabilidade independe de prova concreta.

Ao contrário deste douto jurista, entendemos que esse ponto de vista não se amolda ao que *já foi julgado* pelo Supremo Tribunal Federal nos dois *leading cases* do ISS sobre o *leasing*. Com efeito, o STF já sacramentou que o arrendamento mercantil financeiro é serviço. Ao arbitrar o imposto com base (referência) no valor de bem arrendado, jamais a Administração Tributária estará transformando o ISS em imposto sobre patrimônio! Ao contrário, trata-se de uma referência excelente e indispensável para o arbitramento do preço do serviço do *leasing*, até porque todos os valores embutidos nesse contrato (contraprestações e VRG) variam exatamente de acordo com o preço deste bem. O contrato gravita em torno do bem arrendado. Toda a *equação financeira* que compõe o preço do financiamento-serviço parte do valor do bem arrendado.

Ademais, ao admitir eventual arbitramento apenas sobre o "esforço humano empreendido", Humberto Ávila *cria* uma dedução inexistente na base imponível do ISS, no sentido de se afastar todos os insumos presentes na referida prestação do serviço. O ISS não incide *apenas* sobre a mão de obra, sobre o esforço humano, mas também sobre os materiais e bens utilizados na prestação de serviço, conforme pacífica jurisprudência do STF e do STJ.

Por outro lado, a Administração tributária que tomar todas as (árduas) medidas anteriormente citadas (intimações e declarações acessórias) terá informações muito mais seguras para cobrar o imposto, rebater contestações dos sujeitos passivos e, ainda, gozarão de uma *credibilidade* muito maior perante os órgãos judiciais.

O fiscal não pode "inventar" a valoração do fato gerador em sede de arbitramento. Deve adotar critérios claros e objetivos, que demonstrem pertinência e adequação com a situação em análise.

Nesse prisma, afigura-se absolutamente razoável adotar-se o arbitramento para o lançamento do ISS sobre o *leasing* de veículos. Como se sabe, a fiscalização pode realizar a apuração tranquilamente a partir dos documentos de licenciamento arquivados na unidade do DETRAN de seu Município. Normalmente, a documentação é acompanhada da nota fiscal de venda do veículo.

Mas, quais critérios são *razoáveis* para a composição da base de cálculo do imposto?

Primeiramente, deve ser observado o art. 5º, I, da Resolução CMN nº 2.309/1996, que autoriza a inclusão do valor de custo do bem na formação da contraprestação a ser exigida pelas arrendadoras.

Mas não é só. Além disso, o arrendatário paga mensalmente o valor residual, que funciona como uma antecipação do valor pago para a aquisição do veículo ao final do contrato. Daí vamos buscar no mercado a desvalorização normal a que estão sujeitos os veículos após o transcurso de um prazo de 5 anos a contar da "compra", tempo comumente aplicado nos contratos de arrendamento de veículos.

As revistas especializadas falam em 20% de desvalorização logo no primeiro ano e 8% em cada ano seguinte, estabilizando-se após o quinto ano. Isso nos aponta uma desvalorização média de 50% em cinco anos, percentagem que será utilizada para o arbitramento, levando-se em conta o inciso III do art. 5º da Resolução CMN nº 2.309/1996, que permite a fixação do valor de mercado para a aquisição do bem.

Destarte, teríamos então a seguinte fórmula para o arbitramento do ISS sobre o arrendamento mercantil de veículos:

BC = Valor da operação descrito na nota fiscal de venda do veículo x 150% (100% do custo do veículo + 50% de desvalorização do bem)

Contudo, o arbitramento só será válido na ausência de documentação que permita a apuração da base real. Desse modo, antes de qualquer procedimento para a composição da base presumida, deve a arrendadora ser regularmente notificada a apresentar os documentos para a apuração da base de cálculo real do imposto. Em não o fazendo, será legítimo o arbitramento nos moldes descritos.

Por outro lado, o arbitramento também poderá levar em conta os valores declarados pelas agências bancárias, relativamente às comissões recebidas pelas intermediações desses contratos de arrendamento mercantil (subitem 10.04 da Lista).[90] Com efeito, *se, por exemplo*, a comissão *média* de uma agência bancária for de 2% (dois por cento) sobre o valor do *financiamento*, por uma simples regra matemática chega-se aos valores dos *leasings*, multiplicando essas comissões por 50 (totalizando os 100%).

Obviamente, esse percentual médio de comissão deve ser obtido junto à sociedade arrendadora ou à instituição bancária que realizou a intermediação, através de contrato, intimações ou pelo *costume* comercial desse segmento.

6.5.2. Administradoras de cartões de crédito e débito

As administradoras centralizam a sua contabilidade no Município-sede, já que não mantêm filiais formais nas cidades em que operam.

Com o advento da LC nº 157/2016, as administradoras não mais poderão se recusar a apresentar ao Fisco Municipal os seus documentos contábeis ordinários, identificando as receitas advindas de lojistas situados em cada município separadamente, para fins de apuração do ISS.

A propósito, o § 4º do art. 6º da Lei Complementar nº 116/2003, recentemente acrescentado pela Lei Complementar nº 157/2016 prevê que "os terminais eletrônicos ou as máquinas das operações efetivadas deverão ser registrados no local do domicílio do tomador do serviço".

No que diz respeito à apuração das anuidades recebidas dos portadores dos cartões (subitem 15.14), essas informações devem ser buscadas junto aos bancos locais, pois os cartões de crédito e/ou de débito sempre vêm com o nome do próprio banco (junto com a

---

[90] "10.04. Agenciamento, corretagem ou intermediação de contratos de arrendamento mercantil (leasing), de franquia (franchising) e de faturização (*factoring*)".

bandeira respectiva); logo, como as agências bancárias locais participam ativamente desse serviço, elas também possuem as informações referentes às anuidades cobradas de cada portador/titular local. Em outras palavras, o portador do cartão de crédito e/ou débito também é um correntista do banco.

De outro lado, é possível requerer a DECRED da RFB e as declarações que as administradoras enviam às Fazendas Estaduais, mediante convênio com esses entes. Tais documentos podem ser úteis em caso de necessidade de arbitramento.

Conforme exposto anteriormente, as instituições financeiras pagadoras e coparticipantes desta prestação de serviço de administração de cartões (subitem 15.01 da lista anexa à LC 116/2003) também poderão ser fiscalizadas e cobradas pelo Município, na condição de *contribuintes* (responsabilidade solidária por interesse comum, art. 124, I, CTN).

7. Decadência e prescrição

7.1. Decadência

A decadência pode ser definida como uma causa extintiva da obrigação tributária, que acarreta a perda do direito da Fazenda Pública lançar o tributo pelo decurso do tempo. Já a prescrição, que será analisada logo na sequência, consiste na perda do direito de cobrar judicialmente o tributo que foi tempestiva e validamente lançado. O lançamento é, pois, o divisor de águas: antes de formalizado, fala-se em decadência; após realizado, poderá ocorrer a prescrição.

O prazo para lançar é de cinco anos a contar do primeiro dia do exercício seguinte àquele em que o lançamento poderia ter sido efetuado. Esta é a regra para os casos de lançamento direto ou por declaração. Em se tratando de "lançamento por homologação", quando o contribuinte antecipa o pagamento do tributo, terá início a contagem dos cinco anos a partir da ocorrência do fato gerador.

Contudo, se antes do primeiro dia do exercício seguinte em que o lançamento poderia ser realizado, o contribuinte é notificado para alguma medida preparatória ao lançamento, o prazo decadencial será contado de tal medida (art. 173, parágrafo único, do CTN), não havendo que se pensar em interrupção ao prazo decadencial, como atualmente vem entendendo o STJ.

O art. 173, II, do CTN, trata, sim, de hipótese de interrupção da decadência: quando o lançamento original for anulado por vício formal. Nesse caso, a contagem do prazo para a nova constituição do crédito será reiniciada (do zero) a partir da decisão anulatória do antigo lançamento.

Na modalidade de lançamento por homologação, se for comprovada a ocorrência de dolo, fraude ou simulação, a contagem do prazo decadencial obedecerá ao art. 173, I, do CTN, e não à regra do art. 150, § 4º, do mesmo diploma, conforme pacífica exegese do STJ.

Notificado tempestiva e regulamente o sujeito passivo acerca do crédito tributário válido (entendido este ato como a constituição definitiva do crédito), afastada estará a decadência, tendo início, então, o prazo prescricional para a cobrança judicial desse mesmo crédito.

7.2. Prescrição

Como já assinalado no tópico anterior, a prescrição é a perda do direito da Fazenda Pública cobrar judicialmente o crédito tributário validamente constituído, pela via da execução fiscal. A ação de cobrança deve ser intentada no prazo máximo de 5 (cinco) anos a contar da notificação do lançamento regular do crédito (constituição definitiva do crédito tributário), de acordo com o *caput* do art. 174 do CTN.

São causas que suspendem a prescrição (parágrafo único do art. 174 do CTN):

- as hipóteses do art. 151 do CTN, suspensivas da própria exigibilidade do crédito tributário;
- a inscrição regular do crédito (não tributário) na Dívida Ativa – art. 2º, § 3º, da Lei nº 6.830/1980. Neste caso, a suspensão será de, no máximo, 180 (cento e oitenta) dias;
- as hipóteses dos arts. 172, parágrafo único; 179, § 2º; e 182, parágrafo único, todos do CTN, referentes às decisões administrativas concessivas de remissão, isenção e anistia, caso haja o descumprimento posterior, por parte do sujeito passivo, dos requisitos legalmente exigidos para o gozo de tais benefícios fiscais.

Antes de sofrer louvável alteração pela recente Lei nº 11.051/2004, o art. 40 da Lei de Execuções Fiscais (Lei nº 6.830/1980) dispunha que o prazo prescricional ficava suspenso "indefinidamente" quando o devedor não fosse encontrado para a citação ou, ainda que encontrado, não possuísse bens suficientes para garantir a execução.

Contra essa disposição normativa, a doutrina e a jurisprudência vinham criticando e derrubando essa suspensão ilimitada da cobrança executiva, alegando sua absoluta inconstitucionalidade, pois feria frontalmente o princípio da segurança jurídica, até porque não se pode conceber a imprescritibilidade de direitos patrimoniais. Criou-se, assim, a chamada prescrição intercorrente em matéria tributária, que, com o advento da Lei nº 11.051/2004 (que acrescentou o § 4º ao art. 40 da Lei nº 6.830/1980), torna legalizada e inequívoca esta orientação, assim como possibilita ao juiz conhecer essa causa extintiva *ex officio*.

Assim aduz o mencionado § 4º do art. 40 da Lei de Execuções Fiscais, acrescentado pela Lei nº 11.051/2004:

§ 4º Se da decisão que ordenar o arquivamento tiver decorrido o prazo prescricional, o juiz, depois de ouvida a Fazenda Pública, poderá, de ofício, reconhecer a prescrição intercorrente e decretá-la de imediato.

Por outro lado, são causas interruptivas da prescrição, nos termos do art. 174 do CTN:

• o despacho do juiz que ordena a citação na execução fiscal;[91]
• o protesto judicial (o extrajudicial não interrompe);
• medida judicial que constitua em mora o devedor (intimações, notificações e interpelações judiciais);
• qualquer ato inequívoco, ainda que extrajudicial, que importe em reconhecimento do débito pelo devedor. É o caso do parcelamento, que ao mesmo tempo suspende e interrompe a prescrição.[92]

Se alguém pagar um tributo prescrito ou caduco, terá direito à restituição. É que para o CTN, ao contrário do que regra o Código Civil, ambas as figuras – decadência e prescrição – extinguem o crédito tributário (art. 156, V, do CTN).

Destarte, também o crédito prescrito deverá ser expurgado do sistema de dívidas do sujeito ativo, não sendo cabível, por conseguinte, a cobrança administrativa do crédito, bem como a recusa de certidão negativa.

---

[91] Essa causa interruptiva somente teve efeito a partir da vigência da LC nº 118/05, o que se deu em 120 dias depois da sua publicação, ou seja, a partir de 9.6.2005. Antes, somente tinha o condão de interromper a prescrição *a citação pessoal feita ao devedor*, conforme redação anterior do inciso I do parágrafo único do art. 174 do CTN.

[92] AgRg no Ag 1222567/RS – AGRAVO REGIMENTAL NO AGRAVO DE INSTRUMENTO 2009/0166830-0 – Relator(a) Ministro HUMBERTO MARTINS (1130) – Órgão Julgador T2 – Segunda Turma – Data do Julgamento 4.3.2010 – DJe 12/03/2010: "TRIBUTÁRIO – PEDIDO DE PARCELAMENTO – ART. 174, PARÁGRAFO ÚNICO, INCISO IV, DO CTN – INTERRUPÇÃO DA PRESCRIÇÃO – PRECEDENTES. Os casos em que se interrompe o prazo prescricional para a ação de cobrança do crédito tributário estão previstos no art. 174 do CTN, entre os quais, no seu parágrafo único, inciso IV, o pedido de parcelamento, que consubstancia o reconhecimento do débito pelo devedor, ocorrente no presente caso. Agravo regimental improvido."

8. Obrigações acessórias

Convém criar obrigações acessórias para as partes envolvidas nas operações de arrendamento mercantil e com cartões de crédito e débito. Assim, o Fisco manterá um grande banco de dados que possibilitará o cruzamento permanente de informações, facilitando, com isso, a apuração do fato gerador e a constituição do crédito de ISS.

Nos termos do art. 113, § 2°, do CTN, as obrigações acessórias podem ser criadas por decreto ou instrução normativa. Contudo, as multas pelo seu eventual descumprimento devem ser estipuladas em lei, consoante o disposto no art. 97, V, do mesmo diploma.

Assim, o melhor mesmo é editar lei dispondo especificamente sobre os deveres instrumentais dos sujeitos da relação, com a previsão de severas penalidades para aqueles que descumprirem as exigências legais.

No tocante ao *leasing*, sugere-se a criação de obrigação acessória voltada:

- às arrendadoras;
- aos bancos;
- aos fornecedores dos bens; e
- às arrendatárias pessoas jurídicas, fechando o cerco à sonegação.

O art. 6°, § 3°, da Lei Complementar n° 116/2003, acrescentado pela recente Lei Complementar n° 157/2016, prevê:

§ 3º No caso dos serviços descritos nos subitens 10.04 e 15.09, o valor do imposto é devido ao Município declarado como domicílio tributário da pessoa jurídica ou física tomadora do serviço, conforme informação prestada por este.

Importante destacar o trecho final do dispositivo, pelo qual o tomador do serviço de *leasing* deverá prestar informações ao Município, inclusive pessoa *física*.

Com relação à criação de obrigação acessória em face de pessoas físicas, talvez caia em inconstitucionalidade por falta de proporcionalidade ou razoabilidade. Mas, o fato é que o art. 6º, § 3º, admitiu essa obrigação acessória.

Já para as operações com cartões, pode-se pensar na criação de uma robusta obrigação acessória endereçada às administradoras de cartões de crédito e débito, que exija informações de suas remunerações pagas pelos credenciados lojistas (incluindo as porcentagens impostas a cada um destes), visando à implementação de uma valiosa malha fiscal que possibilite o cruzamento de tais dados com a NFS-e e com o PGDAS-D do Simples Nacional.

Outrossim, os bancos indicados pelos estabelecimentos credenciados, na condição de responsáveis solidários ou não, também podem ser sujeitos passivos de uma obrigação acessória relativa à administração de cartões, uma vez que participam da relação, estando vinculados ao fato gerador, nos termos do art. 6º, *caput*, da Lei Complementar nº 116/2003.

Assim, a partir das informações financeiras das administradoras e dos bancos, chegaríamos aos valores dos recebíveis dos prestadores de serviços estabelecidos no Município, através de cartões de crédito e débito.

A Lei Complementar nº 157/2016, ao acrescentar o § 4º no art. 6º da Lei Complementar nº 116/2003, atribuiu competência para os Municípios fixarem obrigações acessórias relativas aos terminais:

§ 4º No caso dos serviços prestados pelas administradoras de cartão de crédito e débito, descritos no subitem 15.01, os terminais eletrônicos ou as máquinas das operações efetivadas deverão ser registrados no local do domicílio do tomador do serviço.

Convém igualmente criar (ou ao menos "explicitar") deveres instrumentais também para o outro lado, isto é, para os tomadores dos serviços de administração de cartões de crédito e débito, quais sejam, os lojistas que contratam os serviços dessas administradoras.

Falamos em "explicitar" em razão da LC nº 147/2014, que proíbe a criação de novas obrigações acessórias para as ME/EPP optantes pelo Simples Nacional.

Assim, caso o Município já obrigue as pessoas jurídicas tomadoras de serviços em geral a escriturar o conhecido "Livro Eletrônico de Serviços Tomados", norma que agora obrigue também a declaração dos serviços de administração de cartões de crédito e débito que foram tomados pelos lojistas credenciados, soaria como meramente declaratória, não havendo qualquer problema com relação à citada LC nº 147/2014, que apenas impede a criação de novas obrigações acessórias a partir de 01/04/2014.

Por óbvio que tais obrigações (declarações) deverão ser enviadas por meio eletrônico, cabendo ao sistema digital o gerenciamento das informações e a indicação das incongruências verificadas.

No subitem seguinte o leitor encontrará um modelo de obrigações acessórias voltadas aos serviços de *leasing* e administração de cartões de crédito e débito.

8.1. Minuta de lei instituindo obrigações acessórias do ISS sobre *leasing* e cartões de débito e crédito

PROJETO DE LEI Nº ...., DE ..... DE .... DE 2017.

Cria obrigações acessórias para os serviços de administração de cartões de crédito e débito e demais do item 15.01 e "leasing".

O Prefeito do Município Modelo faz saber que a Câmara Municipal aprovou e ele promulga e sanciona a presente Lei:

CAPÍTULO I
OBRIGAÇÕES ACESSÓRIAS PARA AS ATIVIDADES PREVISTAS
NO ITEM 15.01 DA LISTA DE SERVIÇOS

Seção I
Da Declaração das Empresas Administradoras de
Cartões de Crédito e Débito, de Fundos, de Consórcio, de
Carteira de Clientes e de Cheques Pós-Datados

Art. 1º As empresas descritas nesta Seção ficam obrigadas:

I – a enviar, até o dia 15 de cada mês, informações individualizadas de recebimentos de comissões e demais valores dos seus tomadores de serviços estabelecidos no Município Modelo, relativas ao mês anterior;

II – registrar todos os terminais eletrônicos e máquinas utilizados nas operações com tomadores de serviços domiciliados neste Município.

Art. 2º As informações referidas no art. 1º, inciso I, deverão ser:

I – fornecidas por número de inscrição no Cadastro Nacional de Pessoas Jurídicas – CNPJ e no Cadastro de Pessoas Físicas – CPF;

II – apresentadas em arquivo eletrônico, um para cada período de referência.

Seção II
Da solidariedade das instituições financeiras relativamente ao serviço de administração de cartões de crédito e débito

Art. 3º As instituições financeiras que coparticiparem dos fatos geradores relativos ao serviço de administração de cartões de crédito e débito, responderão solidariamente com a administradora pela obrigação tributária principal do ISS devido.

Art. 4º As instituições financeiras descritas nesta Seção ficam obrigadas a enviar, até o dia 15 de cada mês, informações individualizadas acerca dos valores pagos, creditados, remetidos ou transferidos aos tomadores de serviços de administração de cartões de crédito e débito, relativas ao mês anterior, identificando o valor da comissão cobrada do usuário e de eventuais descontos realizados.

Art. 5º As informações referidas no art. 4º deverão ser:

I – fornecidas por número de inscrição no Cadastro Nacional de Pessoas Jurídicas – CNPJ e no Cadastro de Pessoas Físicas – CPF;

II – apresentadas em arquivo eletrônico, um para cada período de referência.

Seção III
Da Declaração dos Tomadores de Serviços das Administradoras de Cartões de Crédito e Débito

Art. 6º. Os tomadores de serviços das empresas descritas nesta Seção, inscritos no CNPJ, com estabelecimento neste Município, ficam obrigados:

I – a enviar ao Fisco Municipal, até o dia 15 (quinze) de cada mês, informações relativas aos pagamentos que realizaram a elas no mês anterior, inclusive com a identificação da instituição financeira pagadora;

II – registrar todos os terminais eletrônicos e máquinas utilizados nas operações.

Art. 7º. As informações referidas no artigo anterior deverão:

I – ser fornecidas por número de inscrição no Cadastro Nacional de Pessoas Jurídicas – CNPJ;

II – ser apresentadas em arquivo eletrônico, um para cada período de referência;

III – contemplar os valores totais pagos às administradoras, incluindo a comissão, em reais (R$) e porcentagem (%), incidente sobre as vendas e prestações de serviços realizadas pelo tomador, o valor da cessão dos terminais eletrônicos e demais desembolsos efetuados em favor daquelas.

Seção IV
Da Declaração dos Tomadores de Serviços das Administradoras de Fundos, de Consórcio, de Carteira de Clientes e de Cheques Pós-Datados

Art. 8º. Os tomadores de serviços das empresas descritas nesta Seção, inscritos no CNPJ, com estabelecimento neste Município, ficam obrigados a enviar ao Fisco Municipal, até o dia 15 (quinze) de cada mês, informações relativas aos pagamentos que realizaram a elas no mês anterior em relação aos contratos firmados.

Art. 9º. As informações referidas no artigo anterior deverão ser:

I – fornecidas por número de inscrição no Cadastro Nacional de Pessoas Jurídicas – CNPJ e no Cadastro de Pessoas Físicas – CPF;

II – apresentadas em arquivo eletrônico, um para cada período de referência.

Seção V
Das Multas

Art. 10. O descumprimento das obrigações previstas nos arts. 1º e 4º acarretará a multa de R$ 5.000,00 (cinco mil reais), mesma penalidade a ser aplicada nos casos de envio de informações incompletas.

Art. 11. O não cumprimento das exigências prevista nos arts. 6º e 8º acarretará a multa de R$ 1.000,00 (mil reais), mesma penalidade a ser aplicada nos casos de envio de informações incompletas.

Seção VI
Da transferência da responsabilidade tributária

Art. 12. Por ato infralegal, a responsabilidade tributária pelo crédito tributário poderá ser transferida para os tomadores de serviços domiciliados no Município.

CAPÍTULO II
OBRIGAÇÕES ACESSÓRIAS PARA A ATIVIDADE DE
ARRENDAMENTO MERCANTIL (*LEASING*)

Seção I
Da Declaração das Empresas de Arrendamento Mercantil

Art. 13. As empresas previstas nesta Seção encaminharão ao Fisco Municipal, até o dia 15 de cada mês, informações individualizadas dos valores recebidos de seus tomadores de serviços domiciliados neste Município, relativas ao mês anterior, decorrentes de contratos de *leasing* financeiro firmados.

Art. 14. As informações referidas no artigo anterior deverão ser:

I – fornecidas por número de inscrição no Cadastro Nacional de Pessoas Jurídicas – CNPJ ou no Cadastro de Pessoas Físicas – CPF;

II – apresentadas em arquivo eletrônico, um para cada período de referência.

Seção II
Da Declaração dos Tomadores de Serviços das
Arrendadoras Mercantis

Art. 15. Os tomadores de serviços das arrendadoras mercantis, inscritos no CNPJ, com estabelecimento neste Município, ficam obrigados a enviar ao Fisco Municipal, até o dia 15 (quinze) de cada mês, informações relativas aos pagamentos que realizaram no mês anterior em relação aos contratos de *leasing* financeiro firmados.

Art. 16. As informações referidas no artigo anterior deverão ser:

I – fornecidas por número de inscrição no Cadastro Nacional de Pessoas Jurídicas – CNPJ;

II – apresentadas em arquivo eletrônico, um para cada período de referência.

Seção III
Da Declaração dos Intermediários e Fornecedores de Bens nos Contratos de *Leasing*

Art. 17. As pessoas inscritas no CNPJ, não arrendadoras, mas que pratiquem atos de captação, agenciamento, contratação ou encaminhamento de operações de *leasing*, inclusive os estabelecimentos que comercializem veículos novos e usados, ficam obrigados a informar ao Fisco Municipal, até o dia 15 (quinze) de cada mês, os valores recebidos das Arrendadoras Mercantis em face dos respectivos serviços prestados e vendas realizadas a elas, relativos ao mês anterior.

Art. 18. As informações referidas no artigo anterior deverão ser:

I – fornecidas por número de inscrição no Cadastro Nacional de Pessoas Jurídicas – CNPJ;

II – apresentadas em arquivo eletrônico, um para cada período de referência.

Seção IV
Das Multas

Art. 19. O não envio da declaração prevista no art. 13 acarretará a multa de R$ 5.000,00 (cinco mil reais), mesma penalidade a ser aplicada nos casos de envio de informações incompletas.

Art. 20. Aplicar-se-á a multa de R$ 1.000,00 (mil reais) em razão do não envio ou mesmo do envio incompleto das declarações previstas nos arts. 15 e 17.

Art. 21. Esta Lei entrará em vigor na data de sua publicação.

Município Modelo, em ...

8.2. Projeto de lei complementar que cria o padrão nacional de obrigação acessória do ISS

Já prevendo as dificuldades e os debates em torno da mudança no local de ocorrência do ISS sobre o *leasing*, planos de saúde e administração de cartões e demais atividades do subitem 15.01 da lista anexa à LC 116/2003, as entidades de classe das empresas e entidades municipais (ABRASF, CNM) iniciaram diálogo em prol de uma obrigação acessória única e nacional que facilitasse a arrecadação, apuração e recolhimento do ISS.

Foi inicialmente encaminhado para o Senado um projeto de lei complementar – PLS n° 445/2017, sobre o assunto. O projeto já foi aprovado no Senado em 12/12/2017 e encaminhado para a Câmara dos Deputados.

Referido projeto de lei complementar dispõe sobre o padrão nacional de obrigação acessória do ISS, incidente sobre os serviços previstos nos subitens 4.22, 4.23, 5.09, 10.04, 15.01 e 15.09 da lista anexa à LC 116/2003. Logo, esse projeto de lei contempla os dois serviços aqui tratados (arrendamento mercantil e administração de cartões).

Para essas atividades, o ISS "será apurado pelo contribuinte e declarado por meio de sistema eletrônico de padrão unificado em todo o território nacional" (art. 2°, *caput*). Esse sistema será desenvolvido pelos próprios contribuintes, individual ou coletivamente, seguindo padrões definidos pelo Comitê Gestor das Obrigações Acessórias do ISSQN – CGOA (§ 1°).

Neste sistema, os Municípios precisarão fornecer algumas informações referentes às alíquotas, legislação e dados bancários.

O projeto tece ao detalhe de fixar a data de vencimento para a entrega dessas obrigações acessórias do ISS: até o vigésimo quinto dia do mês seguinte ao de ocorrência dos fatos geradores (art. 3°). Quanto ao vencimento do imposto (obrigação principal), o art. 7° definiu até o décimo quinto dia do mês subsequente ao da ocorrência do fato gerador.

Nos termos do art. 5°, os Municípios não poderão criar outras obrigações acessórias aos contribuintes; logo, esse padrão nacional seria de utilização obrigatória para todos os Municípios. Daí a necessidade de uma lei complementar, para criar tais normas gerais.

O art. 6° dispensa os contribuintes prestadores de serviço de arrendamento mercantil e administração de cartões da emissão de notas fiscais.

No art. 8°, foi vedada a adoção da substituição tributária, engessando a responsabilidade exclusiva do contribuinte.

Os arts. 9° a 12 disciplinam sobre o Comitê Gestor das Obrigações Acessórias do ISSQN – CGOA, a quem competirá regular a aplicação do padrão nacional, e deverá composto por vinte membros (dez titulares e dez suplentes), escolhidos por dois critérios: a) um representante de município capital (ou DF) por região (Sul, Sudeste, Centro Oeste, Nordeste e Norte); e b) um representante de município "não capital" por região.

Percebe-se, também, que o projeto cria apenas obrigações acessórias para os contribuintes (administradoras e arrendadoras mercantis), não determinando qualquer dever instrumental para os tomadores de tais serviços. Isso pode ser ruim, já que interessa bastante ao Fisco Municipal a informação dos recebíveis de cada tomador, visando, é claro, o cruzamento de dados com a NFS-e.

Não sabemos como será a parte operacional do sistema, isto é, se as informações prestadas pelas empresas de cartões e de *leasing* serão individualizadas por CPF e CNPJ, o que minimizaria a importância da obrigação acessória voltada também aos tomadores dos respectivos serviços.

Outra lacuna verificada é atinente à base de cálculo do ISS dessas atividades. Perguntamos: os valores que são repassados pelas administradoras às bandeiras e aos bancos serão descontados da base de cálculo do ISS daquelas primeiras? O valor residual, bem como o VRG, serão ou não excluídos da base imponível do imposto das arrendadoras mercantis? São questões que não foram respondidas pelo referido projeto de lei complementar.

Muito além de disciplinar essa cobrança específica do ISS, esse projeto poderá abrir oportunidades para a extensão do seu uso para outras atividades que também sofrem com o cumprimento das inúmeras obrigações acessórias estipuladas por vários municípios brasileiros.

Além disso, esse padrão nacional auxiliará e, até mesmo, viabilizará a arrecadação desse imposto para os municípios de pequeno porte, que não teriam estrutura física, de informática e financeira para exercerem essa competência tributária.

O aludido sistema, denominado de "DECLARAÇÃO PADRONIZADA DO ISSQN – DPI", já se encontra no ar, podendo ser acessado através do endereço <www.dpi.org.br>, com certificação digital.

9. Legislação sobre *leasing*

9.1. Lei nº 6.099, de 12 de setembro de 1974

Dispõe sobre o tratamento tributário das operações de arrendamento mercantil e dá outras providências.

O Presidente da República, faço saber que o Congresso Nacional decreta e eu sanciono a seguinte Lei:

Art. 1º O tratamento tributário das operações de arrendamento mercantil reger-se-á pelas disposições desta Lei.

Parágrafo único. Considera-se arrendamento mercantil, para os efeitos desta Lei, o negócio jurídico realizado entre pessoa jurídica, na qualidade de arrendadora, e pessoa física ou jurídica, na qualidade de arrendatária, e que tenha por objeto o arrendamento de bens adquiridos pela arrendadora, segundo especificações da arrendatária e para uso próprio desta.

• Parágrafo único com redação dada pela Lei nº 7.132, de 26.10.1983.

Art. 2º Não terá o tratamento previsto nesta Lei o arrendamento de bens contratado entre pessoas jurídicas direta ou indiretamente coligadas ou interdependentes, assim como o contratado com o próprio fabricante.

§ 1º O Conselho Monetário Nacional especificará em regulamento os casos de coligação e interdependência.

§ 2º Somente farão jus ao tratamento previsto nesta Lei as operações realizadas ou por empresas arrendadoras que fizerem dessa operação o objeto principal de sua atividade ou que centralizarem tais operações em um departamento especializado com escrituração própria.

Art. 3º Serão escriturados em conta especial do ativo imobilizado da arrendadora os bens destinados a arrendamento mercantil.

Art. 4º A pessoa jurídica arrendadora manterá registro individualizado que permita a verificação do fator determinante da receita e do tempo efetivo de arrendamento.

Art. 5º Os contratos de arrendamento mercantil conterão as seguintes disposições:

a) prazo do contrato;

b) valor de cada contraprestação por períodos determinados, não superiores a um semestre;

c) opção de compra ou renovação de contrato, como faculdade do arrendatário;

d) preço para opção de compra ou critério para sua fixação, quando for estipulada esta cláusula.

Parágrafo único. Poderá o Conselho Monetário Nacional, nas operações que venha a definir, estabelecer que as contraprestações sejam estipuladas por períodos superiores aos previstos na alínea b deste artigo.

• Parágrafo único acrescido pela Lei nº 7.132, de 26.10.1983.

Art. 6º O Conselho Monetário Nacional poderá estabelecer índices máximos para a soma das contraprestações, acrescida do preço para exercício da opção da compra nas operações de arrendamento mercantil.

§ 1º Ficam sujeitas à regra deste artigo as prorrogações do arrendamento nele referido.

§ 2º Os índices de que trata este artigo serão fixados: considerando o custo do arrendamento em relação ao do funcionamento da compra e venda.

Art. 7º Todas as operações de arrendamento mercantil subordinam-se ao controle e fiscalização do Banco Central do Brasil, segundo normas estabelecidas pelo Conselho Monetário Nacional, a elas se aplicando, no que couber, as disposições da Lei nº 4.595, de 31 de dezembro de 1964, e legislação posterior relativa ao Sistema Financeiro Nacional.

Art. 8º O Conselho Monetário Nacional poderá baixar resolução disciplinando as condições segundo as quais as instituições financeiras poderão financiar suas controladas, coligadas ou interdependentes que se especializarem em operações de arrendamento mercantil.

• Art. 8º, *caput*, com redação dada pela Lei nº 11.882, de 23.12.2008.

Parágrafo único. A aquisição de debêntures emitidas por sociedades de arrendamento mercantil em mercado primário ou secundário constitui obrigação de natureza cambiária, não caracterizando operação de empréstimo ou adiantamento.

• Parágrafo único com redação dada pela Lei nº 11.882, de 23.12.2008.

Art. 9º As operações de arrendamento mercantil contratadas com o próprio vendedor do bem ou com pessoas jurídicas a ele vinculadas, mediante quaisquer das relações previstas no art. 2º desta Lei, poderão também ser realizadas por instituições financeiras expressamente autorizadas pelo Conselho Monetário Nacional, que estabelecerá as condições para a realização das operações previstas neste artigo.

• Art. 9º, *caput*, com redação dada pela Lei nº 7.132, de 26.10.1983.

Parágrafo único. Nos casos deste artigo, o prejuízo decorrente da venda do bem não será dedutível na determinação do lucro real.

• Parágrafo único com redação dada pela Lei nº 7.132, de 26.10.1983.

Art. 10. Somente poderão ser objeto de arrendamento mercantil os bens de produção estrangeira que forem enumerados pelo Conselho Monetário Nacional, que poderá, também, estabelecer condições para seu arrendamento a empresas cujo controle acionário pertencer a pessoas residentes no exterior.

Art. 11. Serão consideradas como custo ou despesa operacional da pessoa jurídica arrendatária as contraprestações pagas ou creditadas por força do contrato de arrendamento mercantil.

§ 1º A aquisição pelo arrendatário de bens arrendados em desacordo com as disposições desta Lei, será considerada operação de compra e venda a prestação.

§ 2º O preço de compra e venda, no caso do parágrafo anterior, será o total das contraprestações pagas durante a vigência do arrendamento, acrescido da parcela paga a título de preço de aquisição.

§ 3º Na hipótese prevista no parágrafo primeiro deste artigo, as importâncias já deduzidas, como custo ou despesa operacional pela adquirente, acrescerão ao lucro tributável pelo imposto de renda, no exercício correspondente à respectiva dedução.

§ 4º O imposto não recolhido na hipótese do parágrafo anterior, será devido com acréscimo de juros e correção monetária, multa e demais penalidades legais.

Art. 12. Serão admitidas como custos das pessoas jurídicas arrendadoras as cotas de depreciação do preço de aquisição de bem arrendado, calculadas de acordo com a vida útil do bem.

§ 1º Entende-se por vida útil do bem o prazo durante o qual se possa esperar a sua efetiva utilização econômica.

§ 2º A Secretaria da Receita Federal publicará periodicamente o prazo de vida útil admissível, em condições normais, para cada espécie de bem.

§ 3º Enquanto não forem publicados os prazos de vida útil de que trata o parágrafo anterior, a sua determinação se fará segundo as normas previstas pela legislação do imposto de renda para fixação da taxa de depreciação.

Art. 13. Nos casos de operações de vendas de bens que tenham sido objeto de arrendamento mercantil, o saldo não depreciado será admitido como custo para efeito de apuração do lucro tributável pelo imposto de renda.

Art. 14. Não será dedutível, para fins de apuração do lucro tributável pelo imposto de renda, a diferença a menor entre o valor contábil residual do bem arrendado e o seu preço de venda, quando do exercício da opção de compra.

Art. 15. Exercida a opção de compra pelo arrendatário, o bem integrará o ativo fixo do adquirente pelo seu custo de aquisição.

Parágrafo único. Entende-se como custo de aquisição para os fins deste artigo, o preço pago pelo arrendatário ao arrendador pelo exercício da opção de compra.

Art. 16. Os contratos de arrendamento mercantil celebrado com entidades domiciliadas no exterior serão submetidos a registro no Banco Central do Brasil.

• Art. 16, *caput*, com redação dada pela Lei nº 7.132, de 26.10.1983.

§ 1º O Conselho Monetário Nacional estabelecerá as normas para a concessão do registro a que se refere este artigo, observando as seguintes condições:

a) razoabilidade da contraprestação e de sua composição;

b) critérios para fixação do prazo de vida útil do bem;

c) compatibilidade do prazo de arrendamento do bem com a sua vida útil;

d) relação entre o preço internacional do bem o custo total do arrendamento;

e) cláusula de opção de compra ou renovação do contrato;

f) outras cautelas ditadas pela política econômico-financeira nacional.

• § 1º com redação dada pela Lei nº 7.132, de 26.10.1983.

§ 2º Mediante prévia autorização do Banco Central do Brasil, segundo normas para este fim expedidas pelo Conselho Monetário Nacional, os bens objeto das operações de que trata este artigo poderão ser arrendados a sociedades arrendadoras domiciliadas no País, para o fim de subarrendamento.

• § 2º com redação dada pela Lei nº 7.132, de 26.10.1983.

§ 3º Estender-se-ão ao subarrendamento as normas aplicáveis aos contratos de arrendamento mercantil celebrados com entidades domiciliadas no exterior.

• § 3º acrescido pela Lei nº 7.132, de 26.10.1983.

§ 4º No subarrendamento poderá haver vínculo de coligação ou de interdependência entre a entidade domiciliada no exterior e a sociedade arrendatária subarrendadora, domiciliada no País.

• § 4º acrescido pela Lei nº 7.132, de 26.10.1983.

§ 5º Mediante as condições que estabelecer, o Conselho Monetário Nacional poderá autorizar o registro de contratos sem cláusula de opção de compra bem como fixar prazos mínimos para as operações previstas neste artigo.

• § 5º acrescido pela Lei nº 7.132, de 26.10.1983.

Art. 17. A entrada no território nacional dos bens objeto de arrendamento mercantil, contratado com entidades arrendadoras domiciliadas no exterior, não se confunde com o regime de admissão temporária de que trata o Decreto-Lei nº 37, de 18 de novembro de 1966, e se sujeitará a todas as normas legais que regem a importação.

• Art. 17 com redação dada pela Lei nº 7.132, de 26.10.1983.

Art. 18. A base de cálculo, para efeito do imposto sobre Produtos Industrializados, do fato gerador que acorrer por ocasião da remessa de bens importados ao estabelecimento da empresa arrendatária, corresponderá ao preço atacado desse bem na praça em que a empresa arrendadora estiver domiciliada.

• Art. 18, *caput*, com redação dada pela Lei nº 7.132, de 26.10.1983.

§ 1º (Revogado).

- § 1º revogado pela Lei nº 9.532, de 10.12.1997.

§ 2º Nas hipóteses em que o preço dos bens importados para o fim de arrendamento for igual ou superior ao que seria pago pelo arrendatário se os importasse diretamente, a base de cálculo mencionado no *caput* deste artigo será o valor que servir de base para o recolhimento do Imposto Sobre Produtos Industrializados, por ocasião do desembaraço alfandegário desses bens.

Art. 19. Fica equiparada à exportação a compra e venda de bens no mercado interno, para o fim específico de arrendamento pelo comprador a arrendatário domiciliado no exterior.

- Vide Decreto-Lei nº 2.413, de 10.2.1988.

Art. 20. São assegurados ao vendedor dos bens de que trata o artigo anterior todos os benefícios fiscais concedidos por lei para incentivo à exportação, observadas as condições de qualidade da pessoa do vendedor e outras exigidas para os casos de exportação direta ou indireta.

- Vide Decreto-Lei nº 2.413, de 10.2.1988.

§ 1º Os benefícios fiscais de que trata este artigo serão concedidos sobre o equivalente em moeda nacional de garantia irrevogável do pagamento das contraprestações do arrendamento contratado, limitada a base de cálculo ao preço da compra e venda.

§ 2º Para os fins do disposto no § 1º, a equivalência em moeda nacional será determinada pela maior taxa de câmbio do dia da utilização dos benefícios fiscais, quando o pagamento das contraprestações do arrendamento contratado for efetivado em moeda estrangeira de livre conversibilidade.

- § 2º com redação dada pela Lei nº 12.024, de 27.8.2009.

Art. 21. O Ministro da Fazenda poderá estender aos arrendatários de máquinas, aparelhos e equipamentos de produção nacional, objeto de arrendamento mercantil, os benefícios de que trata o Decreto-Lei nº 1.136, de 7 de dezembro de 1970.

Art. 22. As pessoas jurídicas que estiverem operando com arrendamento de bens, e que se ajustarem as disposições desta lei dentro de 180 (cento e oitenta) dias, a contar da sua vigência, terão as suas operações regidas por este diploma legal, desde que ajustem convenientemente os seus contratos, mediante instrumentos de aditamento.

Art. 23. Fica o Conselho Monetário Nacional autorizado a:

a) expedir normas que visem a estabelecer mecanismos reguladores das atividades previstas nesta Lei, inclusive excluir modalidades de operações do tratamento nela previsto e limitar ou proibir sua prática por determinadas categorias de pessoas físicas ou jurídicas;

- Aliena "a" com redação dada pela Lei nº 7.132, de 26.10.1983.

b) enumerar restritivamente os bens que não poderão ser objeto de arrendamento mercantil, tendo em vista a política econômica-financeira do País.

Art. 24. A cessão do contrato de arrendamento mercantil a entidade domiciliada no exterior reger-se-á pelo disposto nesta Lei e dependerá de prévia autorização do Banco Central do Brasil, conforme normas expedidas pelo Conselho Monetário Nacional.

• Art. 24, *caput*, com redação dada pela Lei nº 7.132, de 26.10.1983.

Parágrafo único. Observado o disposto neste artigo, poderão ser transferidos, exclusiva e independentemente da cessão do contrato, os direitos de crédito relativos às contraprestações devidas.

Art. 25. Esta Lei entrará em vigor na data de sua publicação, revogadas as disposições em contrário.

• Art. 25, renumerado pela Lei nº 7.132, de 26.10.1983.

Brasília, 12 de setembro de 1974; 153º da Independência e 86º da República.

Ernesto Geisel

9.2. Resolução CMN nº 2.309/1996

Disciplina e consolida as normas relativas às operações de arrendamento mercantil.

O Banco Central do Brasil, na forma do art. 9º da Lei nº 4.595, de 31.12.64, torna público que o Conselho Monetário Nacional, em sessão realizada em 28.8.1996, com base no disposto na Lei nº 6.099, de 12.9.1974, com as alterações introduzidas pela Lei nº 7.132, de 26.10.1983,

Resolveu:

Art. 1º Aprovar o Regulamento anexo, que disciplina a modalidade de arrendamento mercantil operacional, autoriza a prática de operações de arrendamento mercantil com pessoas físicas em geral e consolida normas a respeito de arrendamento mercantil financeiro.

Art. 2º Fica o Banco Central do Brasil autorizado a adotar as medidas e baixar as normas julgadas necessárias à execução do disposto nesta Resolução.

Art. 3º Esta Resolução entra em vigor na data de sua publicação.

Art. 4º Ficam revogadas as Resoluções nºs 980, de 13.12.1984, 1.452, de 15.1.1988, 1.474, de 29.3.1988, 1.681, de 31.1.1990, 1.686, de 21.2.1990, e 1.769, de 28.11.1990, o art. 2º da Resolução nº 2.276, de 30.04.96, as Circulares nºs 903, de 14.12.84, 2.064, de 17.10.1991, e o art. 2º da Circular nº 2.706, de 18.7.1996.

Brasília, 28 de agosto de 1996.

Gustavo Jorge Laboissière Loyola – Presidente

ANEXO
Capítulo I – Da Prática de Arrendamento Mercantil

Art. 1º As operações de arrendamento mercantil com o tratamento tributário previsto na Lei nº 6.099, de 12.9.1974, alterada pela Lei nº 7.132, de 26.10.1983, somente podem ser realizadas por pessoas jurídicas que tenham como objeto principal de sua atividade a prática de operações de arrendamento mercantil, pelos bancos múltiplos com carteira de arrendamento mercantil e pelas instituições financeiras que, nos termos do art. 13 deste Regulamento, estejam autorizadas a contratar operações de arrendamento com o próprio vendedor do bem ou com pessoas jurídicas a ele coligadas ou interdependentes.

Parágrafo único. As operações previstas neste artigo podem ser dos tipos financeiro e operacional.

Art. 2º Para a realização das operações previstas neste Regulamento, as sociedades de arrendamento mercantil e as instituições financeiras citadas no artigo anterior devem manter departamento técnico devidamente estruturado e supervisionado diretamente por um de seus diretores.

Parágrafo único. As sociedades e instituições devem comunicar à Delegacia Regional do Banco Central do Brasil a que estiverem jurisdicionadas o nome do diretor responsável pela área de arrendamento mercantil.

Capítulo II – Da Constituição e do Funcionamento das Sociedades de Arrendamento Mercantil

Art. 3º A constituição e o funcionamento das pessoas jurídicas que tenham como objeto principal de sua atividade a prática de operações de arrendamento mercantil, denominadas sociedades de arrendamento mercantil, dependem de autorização do Banco Central do Brasil.

Art. 4º As sociedades de arrendamento mercantil devem adotar a forma jurídica de sociedades anônimas e a elas se aplicam, no que couber, as mesmas condições estabelecidas para o funcionamento de instituições financeiras na Lei nº 4.595, de 31.12.1964, e legislação posterior relativa ao Sistema Financeiro Nacional, devendo constar obrigatoriamente de sua denominação social a expressão "Arrendamento Mercantil".

Parágrafo único. A expressão "Arrendamento Mercantil" na denominação ou razão social é privativa das sociedades de que trata este artigo.

Capítulo III – Das Modalidades de Arrendamento Mercantil

Art. 5º Considera-se arrendamento mercantil financeiro a modalidade em que:

I – as contraprestações e demais pagamentos previstos no contrato, devidos pela arrendatária, sejam normalmente suficientes para que a arrendadora recupere o custo do bem arrendado durante o prazo contratual da operação e, adicionalmente, obtenha um retorno sobre os recursos investidos;

II – as despesas de manutenção, assistência técnica e serviços correlatos à operacionalidade do bem arrendado sejam de responsabilidade da arrendatária;

III – o preço para o exercício da opção de compra seja livremente pactuado, podendo ser, inclusive, o valor de mercado do bem arrendado.

Art. 6º Considera-se arrendamento mercantil operacional a modalidade em que:

I – as contraprestações a serem pagas pela arrendatária contemplem o custo de arrendamento do bem e os serviços inerentes à sua colocação à disposição da arrendatária, não podendo o total dos pagamentos da espécie ultrapassar 90% (noventa por cento) do custo do bem arrendado;

II – as despesas de manutenção, assistência técnica e serviços correlatos à operacionalidade do bem arrendado sejam de responsabilidade da arrendadora ou da arrendatária;

III – o preço para o exercício da opção de compra seja o valor de mercado do bem arrendado.

Parágrafo único. As operações de que trata este artigo são privativas dos bancos múltiplos com carteira de arrendamento mercantil e das sociedades de arrendamento mercantil.

Capítulo IV – Dos Contratos de Arrendamento

Art. 7º Os contratos de arrendamento mercantil devem ser formalizados por instrumento público ou particular, devendo conter, no mínimo, as especificações abaixo relacionadas:

I – a descrição dos bens que constituem o objeto do contrato, com todas as características que permitam sua perfeita identificação;

II – o prazo de arrendamento;

III – o valor das contraprestações ou a fórmula de cálculo das contraprestações, bem como o critério para seu reajuste;

IV – a forma de pagamento das contraprestações por períodos determinados, não superiores a 1 (um) semestre, salvo no caso de operações que beneficiem atividades rurais, quando o pagamento pode ser fixado por períodos não superiores a 1 (um) ano;

V – as condições para o exercício por parte da arrendatária do direito de optar pela renovação do contrato, pela devolução dos bens ou pela aquisição dos bens arrendados;

VI – a concessão à arrendatária de opção de compra dos bens arrendados, devendo ser estabelecido o preço para seu exercício ou critério utilizável na sua fixação;

VII – as despesas e os encargos adicionais, inclusive despesas de assistência técnica, manutenção e serviços inerentes à operacionalidade dos bens arrendados, admitindo-se, ainda, para o arrendamento mercantil financeiro:

a) a previsão de a arrendatária pagar valor residual garantido em qualquer momento durante a vigência do contrato, não caracterizando o pagamento do valor residual garantido o exercício da opção de compra;

b) o reajuste do preço estabelecido para a opção de compra e o valor residual garantido;

VIII – as condições para eventual substituição dos bens arrendados, inclusive na ocorrência de sinistro, por outros da mesma natureza, que melhor atendam às conveniências da arrendatária, devendo a substituição ser formalizada por intermédio de aditivo contratual;

IX – as demais responsabilidades que vierem a ser convencionadas, em decorrência de:

a) uso indevido ou impróprio dos bens arrendados;

b) seguro previsto para cobertura de risco dos bens arrendados;

c) danos causados a terceiros pelo uso dos bens;

d) ônus advindos de vícios dos bens arrendados;

X – a faculdade de a arrendadora vistoriar os bens objeto de arrendamento e de exigir da arrendatária a adoção de providências indispensáveis à preservação da integridade dos referidos bens;

XI – as obrigações da arrendatária, nas hipóteses de inadimplemento, destruição, perecimento ou desaparecimento dos bens arrendados;

XII – a faculdade de a arrendatária transferir a terceiros no País, desde que haja anuência expressa da entidade arrendadora, os seus direitos e obrigações decorrentes do contrato, com ou sem co-responsabilidade solidária.

Art. 8º Os contratos devem estabelecer os seguintes prazos mínimos de arrendamento:

I – para o arrendamento mercantil financeiro:

a) 2 (dois) anos, compreendidos entre a data de entrega dos bens à arrendatária, consubstanciada em termo de aceitação e recebimento dos bens, e a data de vencimento da última contraprestação, quando se tratar de arrendamento de bens com vida útil igual ou inferior a 5 (cinco) anos;

b) 3 (três) anos, observada a definição do prazo constante da alínea anterior, para o arrendamento de outros bens;

II – para o arrendamento mercantil operacional, 90 (noventa) dias.

Art. 9º Os contratos de arrendamento mercantil de bens cuja aquisição tenha sido efetuada com recursos provenientes de empréstimos contraídos, direta ou indiretamente, no exterior devem ser firmados com cláusula de variação cambial.

Art. 10. A operação de arrendamento mercantil será considerada como de compra e venda a prestação se a opção de compra for exercida antes de decorrido o respectivo prazo mínimo estabelecido no art. 8º deste Regulamento.

Capítulo V – Das Operações de Arrendamento

Art. 11. Podem ser objeto de arrendamento bens móveis, de produção nacional ou estrangeira, e bens imóveis adquiridos pela entidade arrendadora para fins de uso próprio da arrendatária, segundo as especificações desta.

Art. 12. É permitida a realização de operações de arrendamento mercantil com pessoas físicas e jurídicas, na qualidade de arrendatárias.

Art. 13. As operações de arrendamento mercantil contratadas com o próprio vendedor do bem ou com pessoas a ele coligadas ou interdependentes somente podem ser contratadas na modalidade de arrendamento mercantil financeiro, aplicando-se a elas as mesmas condições fixadas neste Regulamento.

§ 1º As operações de que trata este artigo somente podem ser realizadas com pessoas jurídicas, na condição de arrendatárias.

§ 2º Os bancos múltiplos com carteira de investimento, de desenvolvimento e/ou de crédito imobiliário, os bancos de investimento, os bancos de desenvolvimento, as caixas econômicas e as sociedades de crédito imobiliário também podem realizar as operações previstas neste artigo.

Art. 14. É permitido à entidade arrendadora, nas hipóteses de devolução ou recuperação dos bens arrendados:

I – conservar os bens em seu ativo imobilizado, pelo prazo máximo de 2 (dois) anos;

II – alienar ou arrendar a terceiros os referidos bens.

Parágrafo único. O disposto neste artigo aplica-se também aos bens recebidos em dação em pagamento.

Capítulo VI – Do Subarrendamento

Art. 15. Os bancos múltiplos com carteira de arrendamento mercantil e as sociedades de arrendamento mercantil podem realizar operações de arrendamento com entidades domiciliadas no exterior, com vistas unicamente ao posterior subarrendamento dos bens a pessoas jurídicas, no País.

Parágrafo único. As operações de arrendamento previstas neste artigo estão sujeitas a registro no Banco Central do Brasil.

Art. 16. É facultada aos bancos múltiplos com carteira de arrendamento mercantil e às sociedades de arrendamento mercantil a aquisição, no mercado interno, de direitos e obrigações decorrentes de contratos de arrendamento celebrados com entidades no exterior, com a finalidade exclusiva de posterior subarrendamento dos bens, nos termos do artigo anterior.

Art. 17. São vedadas as operações de subarrendamento quando houver coligação, direta ou indireta, ou interdependência entre a arrendadora domiciliada no exterior e a subarrendatária domiciliada no País, nos termos do art. 27 deste Regulamento.

Art. 18. Os bancos múltiplos com carteira de arrendamento mercantil e as sociedades de arrendamento mercantil devem repassar às subarrendatárias domiciliadas no País, em contratos de arrendamento mercantil financeiro, realizados nos termos deste Regulamento, todos os custos, taxas, impostos, comissões, outras despesas relativas à obtenção do bem arrendado e demais condições pactuadas no contrato firmado com as entidades do exterior, acrescidos de sua remuneração, inclusive aquelas referentes à eventual aquisição dos direitos e obrigações de contratos, podendo tais despesas e encargos ser incorporados ao custo do bem arrendado.

Capítulo VII – Das Fontes de Recursos

Art. 19. As sociedades de arrendamento mercantil podem empregar em suas atividades, além de recursos próprios, os provenientes de:

I – empréstimos contraídos no exterior;

II – empréstimos e financiamentos de instituições financeiras nacionais, inclusive de repasses de recursos externos;

III – instituições financeiras oficiais, destinados a repasses de programas específicos;

IV – colocação de debêntures de emissão pública ou particular e de notas promissórias destinadas à oferta pública;

V – cessão de contratos de arrendamento mercantil, bem como dos direitos creditórios deles decorrentes;

VI – depósitos interfinanceiros, nos termos da regulamentação em vigor;

VII – outras formas de captação de recursos, autorizadas pelo Banco Central do Brasil.

Art. 20. As sociedades de arrendamento mercantil e as instituições financeiras autorizadas à prática de operações previstas neste Regulamento podem contratar empréstimos no exterior, com as seguintes finalidades:

I – obtenção de recursos para aquisição de bens para fins de arrendamento;

II – aquisição de direitos creditórios decorrentes de contratos de arrendamento mercantil que contenham cláusula de variação cambial;

III – aquisição de contratos de arrendamento mercantil que contenham cláusula de variação cambial, observado o contido no art. 22 deste Regulamento.

Art. 21. As sociedades de arrendamento mercantil podem contratar empréstimos, financiamentos, repasses de recursos e prestação de garantias com instituições financeiras controladoras, coligadas ou interdependentes, observado que os respectivos encargos devem ser os normalmente cobrados em operações da espécie, realizadas com terceiros.

Art. 22. As operações de cessão e aquisição de contratos de arrendamento, no mercado interno, exceto as referidas no art. 13 deste Regulamento, são restritas aos bancos múltiplos com carteira de arrendamento mercantil e às sociedades de arrendamento mercantil.

Parágrafo único. É facultada a cessão e a aquisição de contratos de que trata o art. 13 deste Regulamento entre as instituições autorizadas a praticar essa modalidade de operação.

Art. 23. A aquisição de contratos de arrendamento mercantil cujos bens arrendados tenham sido adquiridos com recursos de empréstimos externos ou que contenham cláusula de variação cambial, bem como dos direitos creditórios deles decorrentes, somente pode ser realizada com a utilização de recursos de empréstimos obtidos no exterior.

Art. 24. As sociedades de arrendamento mercantil podem oferecer, em garantia de empréstimos que contraírem nos mercados interno ou externo, a caução de direitos creditórios de contratos de arrendamento mercantil.

Art. 25. A cessão de contratos de arrendamento mercantil, bem como dos direitos creditórios deles decorrentes, a entidades domiciliadas no exterior, depende de prévia autorização do Banco Central do Brasil.

Art. 26. Os bancos múltiplos com carteira de investimento ou de desenvolvimento, os bancos de investimento e os bancos de desenvolvimento podem utilizar recursos oriundos de empréstimos externos, contraídos nos termos da Resolução nº 63, de 21.8.1967, em operações de arrendamento mercantil de que trata o art. 13 deste Regulamento.

§ 1º As operações realizadas nos termos deste artigo somente podem ser contratadas tendo como arrendatárias pessoas jurídicas.

§ 2º A parcela dos recursos externos que for amortizada pelo pagamento das contraprestações pode ser utilizada em novas operações de arrendamento mercantil, em repasses a clientes ou em aplicações alternativas autorizadas para os recursos externos destinados a repasses.

§ 3º Respeitados os prazos mínimos previstos no art. 8º, inciso I, deste Regulamento, as operações referidas neste artigo somente podem ser realizadas por prazos iguais ou inferiores ao da amortização final do empréstimo contratado no exterior, cujos recursos devem permanecer no País consoante as condições de prazo de pagamento no exterior que forem admitidas pelo Banco Central do Brasil na época da autorização de seu ingresso.

Capítulo VIII – Da Coligação e Interdependência

Art. 27. Para os fins do art. 2º, § 1º, da Lei nº 6.099, de 12.9.1974, e deste Regulamento, considera-se coligada ou interdependente a pessoa:

I – em que a entidade arrendadora participe, direta ou indiretamente, com 10% (dez por cento) ou mais do capital;

II – em que administradores da entidade arrendadora, seus cônjuges e respectivos parentes até o 2º (segundo) grau participem, em conjunto ou isoladamente, com 10% (dez por cento) ou mais do capital, direta ou indiretamente;

III – em que acionistas com 10% (dez por cento) ou mais do capital da entidade arrendadora participem com 10% (dez por cento) ou mais do capital, direta ou indiretamente;

IV – que participar com 10% (dez por cento) ou mais do capital da entidade arrendadora, direta ou indiretamente;

V – cujos administradores, seus cônjuges e respectivos parentes até o segundo grau participem, em conjunto ou isoladamente, com 10% (dez por cento) ou mais do capital da entidade arrendadora, direta ou indiretamente;

VI – cujos sócios, quotistas ou acionistas com 10% (dez por cento) ou mais do capital participem também do capital da entidade arrendadora com 10% (dez por cento) ou mais de seu capital, direta ou indiretamente;

VII – cujos administradores, no todo ou em parte, sejam os mesmos da entidade arrendadora.

Capítulo IX – Vedações

Art. 28. Às sociedades de arrendamento mercantil e às instituições financeiras citadas no art. 13 deste Regulamento é vedada a contratação de operações de arrendamento mercantil com:

I – pessoas físicas e jurídicas coligadas ou interdependentes;

II – administradores da entidade e seus respectivos cônjuges e parentes até o segundo grau;

III – o próprio fabricante do bem arrendado.

Art. 29. É vedada às sociedades de arrendamento mercantil a celebração de contratos de mútuo com pessoas físicas e jurídicas não financeiras.

Capítulo X – Disposições Finais

Art. 30. O Banco Central do Brasil poderá fixar critérios de distribuição de contraprestações de arrendamento durante o prazo contratual, tendo em vista o adequado atendimento dos prazos mínimos fixados no art. 8º deste Regulamento.

Art. 31. As disponibilidades das sociedades de arrendamento mercantil, quando não mantidas em espécie, podem ser livremente aplicadas no mercado, observados os limites e demais normas regulamentares pertinentes a cada espécie de aplicação financeira.

Art. 32. Aplicam-se às sociedades de arrendamento mercantil as normas em vigor para as instituições financeiras em geral, no que diz respeito à competência privativa do Banco Central do Brasil para a concessão das autorizações previstas no inciso X do art. 10 da Lei nº 4.595, de 31.12.64, bem como para aprovar a posse no exercício de quaisquer cargos na administração das referidas sociedades, inclusive em órgãos consultivos, fiscais ou semelhantes, nos termos da referida legislação e regulamentação posterior.

Art. 33. As operações que se realizarem em desacordo com as disposições deste Regulamento não se caracterizam como de arrendamento mercantil.

10. Comentários acerca da ADI 5.835

Em novembro de 2017, foram distribuídas no Supremo Tribunal Federal duas ações contestando a inconstitucionalidade da Lei Complementar nº 157/2017: a ADI 5.835 e a ADPF 499, ambas distribuídas para o relator Ministro Celso de Mello, com pedido de medida liminar, no sentido de suspender imediatamente essas novas cobranças. Como esta ação de descumprimento de prefeito fundamental versa exclusivamente acerca da alteração do local de ocorrência do ISS sobre os serviços prestados pelas operadoras de plano de saúde, não vamos tratar dela neste livro.

Na ADI 5.835, a discussão é mais abrangente, incluindo os serviços de *leasing* e de administração de cartões de crédito e débito.

Primeiramente, entendemos que a ADI 5.835 sequer merece ser *conhecida* pelo STF por total falta de cabimento desta ação direta, isto é, devem ser rejeitadas "de plano" por dois motivos: a matéria não é constitucional e demanda dilação probatória.

Com efeito, a matéria não é de índole *constitucional*, conforme decisões anteriores do próprio STF, sendo as últimas delas relacionadas inclusive ao local de ocorrência do ISS sobre o *leasing*. Neste sentido: AgReg no ARE nº 873.675, rel. Ministro Roberto Barroso; AgReg no RE 824.137, rel. Min. Roberto Barroso; RE 850.600 nº 853.32, rel. Ministra Carmén Lúcia; AI nº 9083, rel. Ministro Gilmar Mendes. Em todos esses casos anteriores, o STF entendeu que essa matéria implica apenas numa *ofensa reflexa* à Constituição Federal, deslocando para o Superior Tribunal de Justiça a competência para decidir em última instância essas questões voltadas a uma lei complementar federal.

Ademais, o assunto também demanda uma dilação probatória, no que se refere às alegações de violação ao princípio da proporcionalidade. As autoras mencionam altos custos de conformidade, que "inviabilizariam as atividades". Mas, será que esses custos de conformidade realmente inviabilizarão (todas) essas atividades? Ora, por certo, estamos diante de uma questão *de fato*, que demanda produção de prova sobre esses impactos financeiros alegados pelas empresas e, ainda, o devido e necessário contraste desse custo com os lucros anuais (e altíssimos) que tais atividades vêm acumulando ao longo dos anos.[93] A propósito, toda a movimentação política que culminou nessas alterações do local de ocorrência partiram de estudos em torno da enorme rentabilidade de tais atividades e a falta de redistribuição dessa riqueza entre os Municípios brasileiros. A propósito, até mesmo na ementa do RESP nº 1.060.210, que tratou do município competente para cobrar o ISS sobre o arrendamento mercantil, o Ministro relator Napoleão Nunes Maia Filho ressaltou que a opção legislativa revogada (anterior à LC 157) representava "um potente duto de esvaziamento das finanças dos Municípios periféricos do sistema bancário, ou seja, através dessa modalidade contratual se instala um mecanismo altamente perverso de sua descapitalização em favor dos grandes centros financeiros do País".

Por outro lado, no tocante aos argumento invocados nesta ADI, também sem detectam *lamentáveis* sofismas que deverão ser afastados pelos ministros do STF, na hipótese do mérito vir a ser apreciado.

Sobre os "altos custos de conformidade", além da necessidade de dilação probatória, as autoras ignoram e silenciaram que as empresas ficaram desobrigadas de recolher o ISS desde quando o veto do Presidente foi derrubado pelo Congresso Nacional, ou seja, desde 1º/06/2017 que essas atividades ficaram dispensadas do recolhimento do ISS em todo território nacional, e assim ficarão até que as novas leis municipais entrem em vigor e tenham suas eficácias iniciadas, à luz dos princípios da anterioridade do exercício financeiro e nonagesimal. Ora, será que o dinheiro "economizado" dentro desse período já não seria suficiente para cobrir os gastos com a implantação de programas e contratação de consultorias para se adequarem à novel legislação? É claro que isso também envolveria uma análise fática e pericial, mas também precisa ser apontado para fins de amenizar os (genéricos) argumentos dos altos custos de conformidade. Ainda dentro desse assunto, a tendência é que haja uma cooperação municipal e as empresas ou entidades empresariais envolvidas para fins de criação de um sistema nacional que

---

[93] Por exemplo, a companhia CIELO S/A em sua demonstração de resultado do período de 1º/01 a 30/09 de 2017 apresentou um lucro superior a R$ 3 bilhões, com patrimônio líquido de R$ 14 bilhões.

facilite essa cobrança. No PLS nº 445/2017, já aprovado no Senado e encaminhado para a Câmara dos Deputados, há previsão de criação de um padrão nacional de obrigação acessória do ISS para tais atividades.

Ademais, as ações partem do falso pressuposto de que a Constituição Federal determina o critério "de origem" para fins de definição do local de ocorrência do ISS. Aliás, as ações assumem como verdade um pressuposto que é usualmente escrito pelos doutrinadores de que o ISS seria, necessariamente, um imposto sobre a "prestação" do serviço. Mas não é isso que a Constituição Federal necessariamente prevê, tanto que, em seu art. 156, III, atribui competência para os Municípios (e Distrito Federal) instituir "impostos sobre serviços", sem qualificar ou impor a "prestação" do serviço. Com efeito, a Constituição Federal admite que o ISS tenha por elemento material de sua hipótese de incidência o ato de "tomar serviço", ou seja, o critério do destino, independentemente de onde o serviço foi efetivamente prestado. Nessa ADI, as entidades tentam *ressuscitar* o "princípio da territorialidade", que chegou a ganhar aceitação no STJ (RESP nº 1.117.121), mas, recentemente (no RESP 1.060.210, que tratou do *leasing*), também foi afastado ao entender que o critério da origem ou destino depende de uma *decisão política* formalizada numa lei complementar federal (nacional).

Na verdade, a tentativa é de dar uma *nova roupagem* para o já superado princípio da territorialidade: ao invés de atrair o ISS para o destino, busca-se firmar o local de ocorrência no "estabelecimento prestador" (origem). Mas, a nosso ver, na essência é a mesma coisa: buscar fundamento constitucional para uma "territorialidade" (seja do destino, como os Municípios tentaram no passado; seja da origem, como essas entidades estão reclamando agora). Com efeito, a Lei Maior é absolutamente silente a respeito do elemento espacial da regra-matriz de incidência do ISS, diferentemente do que ocorre com o ICMS, que teve tais contornos constitucionais expressamente definidos no art. 155, § 2º,VII e, aliás, recentemente alterados pela Emenda nº 87/2015.

Dessa forma, não há uma definição constitucional acerca do município competente do ISS, transferindo-se tal competência para a lei complementar. A previsão de cobrança do ISS sobre a importação do serviço (art. 1º, § 1º, c/c art. 3º, I, ambos da LC 116/2016) reforça esse entendimento.

E mais: por se tratar de um imposto indireto (salvo a rara exceção do "ISS fixo"), é da essência do ISS a transferência do seu ônus para o tomador do serviço que, embora seja classificado atualmente como um "contribuinte de fato", pode ser transformado em "contribuinte de direito" se tal previsão vier por meio de lei complementar, uma vez que a Constituição Federal não impõe a instituição de um imposto necessariamente sobre a "prestação" do serviço. É o que ocorre, por exemplo, com os impostos municipais e estaduais sobre a transferência de imóveis (ITBI e ITCMD), cujo art. 42 do CTN prevê que o contribuinte destes impostos "é qualquer das partes na operação tributada, como dispuser a lei".

A ADI não enfrentou o (louvável) caráter redistributivo que se pretendeu implantar com a LC 157/2016, que pulverizou em todo território nacional a cobrança do ISS sobre essas atividades que geram bilhões de reais de ISS. Ora, inúmeros economistas e tributaristas pregam a importância, relevância e justiça de um sistema tributário de caráter *redistributivo*, que reparta de forma *equânime* e *equilibrada* a arrecadação dos tributos entre as entidades federadas.

Todavia, foi *esquecido* o contexto histórico que mobilizou a edição dessa nova lei complementar e, ainda, a inusitada derrubada do veto do Presidente da República: no tocante ao *leasing, e os serviços do subitem 15.01*, pouquíssimos Municípios estavam efetivamente recebendo o ISS em cima dessas atividades em razão de uma *postura anti-federalista* de tais municípios, que atraíram as sedes dos prestadores de serviços através de benefícios fiscais "agressivos" e inconstitucionais, na medida em que fixavam alíquotas ou bases de cálculo que geravam uma carga tributária inferior a 2% (art. 88 do ADCT e, após o advento da LC 157, o art. 8º-A da LC 116).

Enfim, somente esses (poucos) "paraísos fiscais municipais" estavam concentrando a arrecadação do ISS sobre tais atividades, numa nítida injustiça fiscal que ensejou, finalmente, uma maior repartição do bolo arrecadatório do ISS frente a tais atividades que, diga-se de passagem, são desenvolvidas direta ou indiretamente por instituições financeiras, ou seja, contribuintes com uma nítida e inquestionável capacidade contributiva.

Logo, essa alteração trazida pela LC 157 alcançou uma dupla função redistributiva: tanto do lado do contribuinte (maior efetividade da capacidade contributiva) como do lado do sujeito credor da obrigação tributária (repartição entre os Municípios).

Outro argumento invocado na ADI é que a nova legislação "complicou" ainda mais o sistema tributário e que as dificuldades criadas violariam a Carta Constitucional.

Primeiramente, é "fantasioso" o argumento de que essas empresas estarão submetidas por "mais de 5.550" leis municipais. Isso não é verdade porque nem todos os municípios brasileiros (vale dizer, a menor parte deles) exercitam suas competências tributárias, inclusive no que tange ao ISS.

Além disso, essas empresas também não estão em todos os municípios do país. Mas, enfim, é outro argumento que demandaria produção probatória, o que não é possível dentro de uma ADI. Quanto à dificuldade da nova legislação, que teria ampliado o conflito de competência tributária, se esse critério de "potencializar conflitos tributários" for levado em consideração pelo STF, esses impostos sobre a circulação econômica de mercadorias e serviços estariam fadados à inconstitucionalidade, como se detecta diariamente no ICMS e no próprio ISS: conflitos entre ICMS e ISS, conflitos entre Estados, conflitos entre Municípios.

A nosso ver, esse discurso entra no campo político, sem qualquer interferência na validade de uma legislação que foi aprovada dentro do devido processo legislativo, após muitas discussões e, no caso da LC 157, um processo legislativo ainda mais especial e rigoroso, pois foi preciso derrubar o veto do Presidente.

Aliás, no próprio veto presidencial, o argumento não foi da inconstitucionalidade, mas sim de que o projeto seria "contrário ao interesse público", um argumento nitidamente político, passível de ser refutado pela Casa Legislativa (politicamente) competente para medir e decidir definitivamente sobre isso.

Dessa forma, na prática, o STF está sendo instado a se posicionar como uma terceira instância *política*, e não jurídica. O Presidente decidiu pela falta de interesse público; o Congresso Nacional decidiu pela presença do interesse público (que pode ser resumido, quiçá, no atendimento àquele duplo efeito redistributivo acima mencionado: capacidade contributiva dos prestadores de serviços envolvidos; e repartição da arrecadação entre os municípios, afastando a situação anterior que só favorecia alguns poucos municípios considerados "paraísos fiscais"); agora, através dessa ADI, o STF foi chamado para decidir também, mas com argumentos que tentam atribuir uma conotação jurídica a algo que é exclusivo e manifestamente político.

Finalmente, ao atacar a legislação, a ADI levanta exemplos que tratam de situações excepcionais, deixando implícito que, de fato, não haverá maiores dificuldades de interpretação para a maioria dos casos.

No caso do *leasing*, por exemplo, a ADI coloca a situação que certamente não é aquela usual, de mudança de domicílio do tomador do serviço de uma cidade para outra.

Ora, como é (infelizmente) comum no sistema tributário nacional, esses pontos realmente discutíveis precisarão passar pelo crivo do Judiciário, mas aí sim dentro de interpretações e argumentos jurídicos: quem é o tomador do serviço em tais casos? O fundo ou os cotistas? A empresa ou os seus empregados beneficiários do plano de saúde? Não é a primeira, nem será a última questão polêmica em torno do local de ocorrência do ISS que deverá parar no STJ, e não no STF.

Mas, enfim, resta aguardar a manifestação dos ministros do STF.

11. Lei Complementar nº 116, de 31 de julho de 2003

Dispõe sobre o Imposto Sobre Serviços de Qualquer Natureza, de competência dos Municípios e do Distrito Federal, e dá outras providências.

O Presidente da República,

Faço saber que o Congresso Nacional decreta e eu sanciono a seguinte Lei Complementar:

Art. 1º O Imposto Sobre Serviços de Qualquer Natureza, de competência dos Municípios e do Distrito Federal, tem como fato gerador a prestação de serviços constantes da lista anexa, ainda que esses não se constituam como atividade preponderante do prestador.

§ 1º O imposto incide também sobre o serviço proveniente do exterior do País ou cuja prestação se tenha iniciado no exterior do País.

§ 2º Ressalvadas as exceções expressas na lista anexa, os serviços nela mencionados não ficam sujeitos ao Imposto Sobre Operações Relativas à Circulação de Mercadorias e Prestações de Serviços de Transporte Interestadual e Intermunicipal e de Comunicação – ICMS, ainda que sua prestação envolva fornecimento de mercadorias.

§ 3º O imposto de que trata esta Lei Complementar incide ainda sobre os serviços prestados mediante a utilização de bens e serviços públicos explorados economicamente mediante autorização, permissão ou concessão, com o pagamento de tarifa, preço ou pedágio pelo usuário final do serviço.

§ 4º A incidência do imposto não depende da denominação dada ao serviço prestado.

Art. 2º O imposto não incide sobre:

I – as exportações de serviços para o exterior do País;

II – a prestação de serviços em relação de emprego, dos trabalhadores avulsos, dos diretores e membros de conselho consultivo ou de conselho fiscal de sociedades e fundações, bem como dos sócios-gerentes e dos gerentes-delegados;

III – o valor intermediado no mercado de títulos e valores mobiliários, o valor dos depósitos bancários, o principal, juros e acréscimos moratórios relativos a operações de crédito realizadas por instituições financeiras.

Parágrafo único. Não se enquadram no disposto no inciso I os serviços desenvolvidos no Brasil, cujo resultado aqui se verifique, ainda que o pagamento seja feito por residente no exterior.

Art. 3º O serviço considera-se prestado, e o imposto, devido, no local do estabelecimento prestador ou, na falta do estabelecimento, no local do domicílio do prestador, exceto nas hipóteses previstas nos incisos I a XXV, quando o imposto será devido no local: (Redação dada pela Lei Complementar nº 157, de 2016)

I – do estabelecimento do tomador ou intermediário do serviço ou, na falta de estabelecimento, onde ele estiver domiciliado, na hipótese do § 1º do art. 1º desta Lei Complementar;

II – da instalação dos andaimes, palcos, coberturas e outras estruturas, no caso dos serviços descritos no subitem 3.05 da lista anexa;

III – da execução da obra, no caso dos serviços descritos no subitem 7.02 e 7.19 da lista anexa;

IV – da demolição, no caso dos serviços descritos no subitem 7.04 da lista anexa;

V – das edificações em geral, estradas, pontes, portos e congêneres, no caso dos serviços descritos no subitem 7.05 da lista anexa;

VI – da execução da varrição, coleta, remoção, incineração, tratamento, reciclagem, separação e destinação final de lixo, rejeitos e outros resíduos quaisquer, no caso dos serviços descritos no subitem 7.09 da lista anexa;

VII – da execução da limpeza, manutenção e conservação de vias e logradouros públicos, imóveis, chaminés, piscinas, parques, jardins e congêneres, no caso dos serviços descritos no subitem 7.10 da lista anexa;

VIII – da execução da decoração e jardinagem, do corte e poda de árvores, no caso dos serviços descritos no subitem 7.11 da lista anexa;

IX – do controle e tratamento do efluente de qualquer natureza e de agentes físicos, químicos e biológicos, no caso dos serviços descritos no subitem 7.12 da lista anexa;

X – (VETADO)

XI – (VETADO)

XII – do florestamento, reflorestamento, semeadura, adubação e congêneres, no caso dos serviços descritos no subitem 7.16 da lista anexa;

XII – do florestamento, reflorestamento, semeadura, adubação, reparação de solo, plantio, silagem, colheita, corte, descascamento de árvores, silvicultura, exploração florestal e serviços congêneres indissociáveis da formação, manutenção e colheita de florestas para quaisquer fins e por quaisquer meios; (Redação dada pela Lei Complementar nº 157, de 2016)

XIII – da execução dos serviços de escoramento, contenção de encostas e congêneres, no caso dos serviços descritos no subitem 7.17 da lista anexa;

XIV – da limpeza e dragagem, no caso dos serviços descritos no subitem 7.18 da lista anexa;

XV – onde o bem estiver guardado ou estacionado, no caso dos serviços descritos no subitem 11.01 da lista anexa;

XVI – dos bens ou do domicílio das pessoas vigiados, segurados ou monitorados, no caso dos serviços descritos no subitem 11.02 da lista anexa;

XVI – dos bens, dos semoventes ou do domicílio das pessoas vigiados, segurados ou monitorados, no caso dos serviços descritos no subitem 11.02 da lista anexa; (Redação dada pela Lei Complementar nº 157, de 2016)

XVII – do armazenamento, depósito, carga, descarga, arrumação e guarda do bem, no caso dos serviços descritos no subitem 11.04 da lista anexa;

XVIII – da execução dos serviços de diversão, lazer, entretenimento e congêneres, no caso dos serviços descritos nos subitens do item 12, exceto o 12.13, da lista anexa;

XIX – do Município onde está sendo executado o transporte, no caso dos serviços descritos pelo subitem 16.01 da lista anexa;

XIX – do Município onde está sendo executado o transporte, no caso dos serviços descritos pelo item 16 da lista anexa; (Redação dada pela Lei Complementar nº 157, de 2016)

XX – do estabelecimento do tomador da mão-de-obra ou, na falta de estabelecimento, onde ele estiver domiciliado, no caso dos serviços descritos pelo subitem 17.05 da lista anexa;

XXI – da feira, exposição, congresso ou congênere a que se referir o planejamento, organização e administração, no caso dos serviços descritos pelo subitem 17.10 da lista anexa;

XXII – do porto, aeroporto, ferroporto, terminal rodoviário, ferroviário ou metroviário, no caso dos serviços descritos pelo item 20 da lista anexa.

XXIII – do domicílio do tomador dos serviços dos subitens 4.22, 4.23 e 5.09; (Incluído pela Lei Complementar nº 157, de 2016)

XXIV – do domicílio do tomador do serviço no caso dos serviços prestados pelas administradoras de cartão de crédito ou débito e demais descritos no subitem 15.01; (Incluído pela Lei Complementar nº 157, de 2016)

XXV – do domicílio do tomador dos serviços dos subitens 10.04 e 15.09. (Incluído pela Lei Complementar nº 157, de 2016)

§ 1º No caso dos serviços a que se refere o subitem 3.04 da lista anexa, considera-se ocorrido o fato gerador e devido o imposto em cada Município em cujo território haja extensão de ferrovia, rodovia, postes, cabos, dutos e condutos de qualquer natureza, objetos de locação, sublocação, arrendamento, direito de passagem ou permissão de uso, compartilhado ou não.

§ 2º No caso dos serviços a que se refere o subitem 22.01 da lista anexa, considera-se ocorrido o fato gerador e devido o imposto em cada Município em cujo território haja extensão de rodovia explorada.

§ 3º Considera-se ocorrido o fato gerador do imposto no local do estabelecimento prestador nos serviços executados em águas marítimas, excetuados os serviços descritos no subitem 20.01.

§ 4º Na hipótese de descumprimento do disposto no caput ou no § 1º, ambos do art. 8º-A desta Lei Complementar, o imposto será devido no local do estabelecimento do tomador ou intermediário do serviço ou, na falta de estabelecimento, onde ele estiver domiciliado. (Incluído pela Lei Complementar nº 157, de 2016)

Art. 4º Considera-se estabelecimento prestador o local onde o contribuinte desenvolva a atividade de prestar serviços, de modo permanente ou temporário, e que configure unidade econômica ou profissional, sendo irrelevantes para caracterizá-lo as denominações de sede, filial, agência, posto de atendimento, sucursal, escritório de representação ou contato ou quaisquer outras que venham a ser utilizadas.

Art. 5º Contribuinte é o prestador do serviço.

Art. 6º Os Municípios e o Distrito Federal, mediante lei, poderão atribuir de modo expresso a responsabilidade pelo crédito tributário a terceira pessoa, vinculada ao fato gerador da respectiva obrigação, excluindo a responsabilidade do contribuinte ou atribuindo-a a este em caráter supletivo do cumprimento total ou parcial da referida obrigação, inclusive no que se refere à multa e aos acréscimos legais.

§ 1º Os responsáveis a que se refere este artigo estão obrigados ao recolhimento integral do imposto devido, multa e acréscimos legais, independentemente de ter sido efetuada sua retenção na fonte.

§ 2º Sem prejuízo do disposto no caput e no § 1º deste artigo, são responsáveis: (Vide Lei Complementar nº 123, de 2006).

I – o tomador ou intermediário de serviço proveniente do exterior do País ou cuja prestação se tenha iniciado no exterior do País;

II – a pessoa jurídica, ainda que imune ou isenta, tomadora ou intermediária dos serviços descritos nos subitens 3.05, 7.02, 7.04, 7.05, 7.09, 7.10, 7.12, 7.14, 7.15, 7.16, 7.17, 7.19, 11.02, 17.05 e 17.10 da lista anexa.

III – a pessoa jurídica tomadora ou intermediária de serviços, ainda que imune ou isenta, na hipótese prevista no § 4º do art. 3º desta Lei Complementar. (Incluído pela Lei Complementar nº 157, de 2016)

§ 3º No caso dos serviços descritos nos subitens 10.04 e 15.09, o valor do imposto é devido ao Município declarado como domicílio tributário da pessoa jurídica ou física tomadora do serviço, conforme informação prestada por este. (Incluído pela Lei Complementar nº 157, de 2016)

§ 4º No caso dos serviços prestados pelas administradoras de cartão de crédito e débito, descritos no subitem 15.01, os terminais eletrônicos ou as máquinas das operações efetivadas deverão ser registrados no local do domicílio do tomador do serviço. (Incluído pela Lei Complementar nº 157, de 2016)

Art. 7º A base de cálculo do imposto é o preço do serviço.

§ 1º Quando os serviços descritos pelo subitem 3.04 da lista anexa forem prestados no território de mais de um Município, a base de cálculo será proporcional, conforme o caso, à extensão da ferrovia, rodovia, dutos e condutos de qualquer natureza, cabos de qualquer natureza, ou ao número de postes, existentes em cada Município.

§ 2º Não se incluem na base de cálculo do Imposto Sobre Serviços de Qualquer Natureza:

I – o valor dos materiais fornecidos pelo prestador dos serviços previstos nos itens 7.02 e 7.05 da lista de serviços anexa a esta Lei Complementar;

II – (VETADO)

§ 3º (VETADO)

Art. 8º As alíquotas máximas do Imposto Sobre Serviços de Qualquer Natureza são as seguintes:

I – (VETADO)

II – demais serviços, 5% (cinco por cento).

Art. 8º-A. A alíquota mínima do Imposto sobre Serviços de Qualquer Natureza é de 2% (dois por cento). (Incluído pela Lei Complementar nº 157, de 2016)

§ 1º O imposto não será objeto de concessão de isenções, incentivos ou benefícios tributários ou financeiros, inclusive de redução de base de cálculo ou de crédito presumido ou outorgado, ou sob qualquer outra forma que resulte, direta ou indiretamente, em carga tributária menor que a decorrente da aplicação da alíquota mínima estabelecida no caput, exceto para os serviços a que se referem os subitens 7.02, 7.05 e 16.01 da lista anexa a esta Lei Complementar. (Incluído pela Lei Complementar nº 157, de 2016)

§ 2º É nula a lei ou o ato do Município ou do Distrito Federal que não respeite as disposições relativas à alíquota mínima previstas neste artigo no caso de serviço prestado a tomador ou intermediário localizado em Município diverso daquele onde está localizado o prestador do serviço. (Incluído pela Lei Complementar nº 157, de 2016)

§ 3º A nulidade a que se refere o § 2º deste artigo gera, para o prestador do serviço, perante o Município ou o Distrito Federal que não respeitar as disposições deste artigo, o direito à restituição do valor efetivamente pago do Imposto sobre Serviços de Qualquer Natureza calculado sob a égide da lei nula. (Incluído pela Lei Complementar nº 157, de 2016)

Art. 9º Esta Lei Complementar entra em vigor na data de sua publicação.

Art. 10. Ficam revogados os arts. 8º, 10, 11 e 12 do Decreto-Lei nº 406, de 31 de dezembro de 1968; os incisos III, IV, V e VII do art. 3º do Decreto-Lei nº 834, de 8 de setembro de 1969; a Lei Complementar nº 22, de 9 de dezembro de 1974; a Lei nº 7.192, de 5 de junho de 1984; a Lei Complementar nº 56, de 15 de dezembro de 1987; e a Lei Complementar nº 100, de 22 de dezembro de 1999.

Brasília, 31 de julho de 2003; 182º da Independência e 115º da República.

LUIZ INÁCIO LULA DA SILVA
Antônio Palocci Filho

Lista de serviços anexa à Lei Complementar nº 116, de 31 de julho de 2003

1 – Serviços de informática e congêneres.
   1.01 – Análise e desenvolvimento de sistemas.
   1.02 – Programação.
   1.03 – Processamento de dados e congêneres.
   1.04 – Elaboração de programas de computadores, inclusive de jogos eletrônicos.
   1.03 – Processamento, armazenamento ou hospedagem de dados, textos, imagens, vídeos, páginas eletrônicas, aplicativos e sistemas de informação, entre outros formatos, e congêneres. (Redação dada pela Lei Complementar nº 157, de 2016)
   1.04 – Elaboração de programas de computadores, inclusive de jogos eletrônicos, independentemente da arquitetura construtiva da máquina em que o programa será executado, incluindo tablets, smartphones e congêneres. (Redação dada pela Lei Complementar nº 157, de 2016)
   1.05 – Licenciamento ou cessão de direito de uso de programas de computação.
   1.06 – Assessoria e consultoria em informática.
   1.07 – Suporte técnico em informática, inclusive instalação, configuração e manutenção de programas de computação e bancos de dados.
   1.08 – Planejamento, confecção, manutenção e atualização de páginas eletrônicas.
   1.09 – Disponibilização, sem cessão definitiva, de conteúdos de áudio, vídeo, imagem e texto por meio da internet, respeitada a imunidade de livros, jornais e periódicos (exceto a distribuição de conteúdos pelas prestadoras de Serviço de Acesso Condicionado, de que trata a Lei nº 12.485, de 12 de setembro de 2011, sujeita ao ICMS). (Incluído pela Lei Complementar nº 157, de 2016)
2 – Serviços de pesquisas e desenvolvimento de qualquer natureza.
   2.01 – Serviços de pesquisas e desenvolvimento de qualquer natureza.
3 – Serviços prestados mediante locação, cessão de direito de uso e congêneres.
   3.01 – (VETADO)
   3.02 – Cessão de direito de uso de marcas e de sinais de propaganda.
   3.03 – Exploração de salões de festas, centro de convenções, escritórios virtuais, *stands*, quadras esportivas, estádios, ginásios, auditórios, casas de espetáculos, parques de diversões, canchas e congêneres, para realização de eventos ou negócios de qualquer natureza.
   3.04 – Locação, sublocação, arrendamento, direito de passagem ou permissão de uso, compartilhado ou não, de ferrovia, rodovia, postes, cabos, dutos e condutos de qualquer natureza.
   3.05 – Cessão de andaimes, palcos, coberturas e outras estruturas de uso temporário.
4 – Serviços de saúde, assistência médica e congêneres.
   4.01 – Medicina e biomedicina.
   4.02 – Análises clínicas, patologia, eletricidade médica, radioterapia, quimioterapia, ultra-sonografia, ressonância magnética, radiologia, tomografia e congêneres.
   4.03 – Hospitais, clínicas, laboratórios, sanatórios, manicômios, casas de saúde, prontos-socorros, ambulatórios e congêneres.
   4.04 – Instrumentação cirúrgica.
   4.05 – Acupuntura.

4.06 – Enfermagem, inclusive serviços auxiliares.
4.07 – Serviços farmacêuticos.
4.08 – Terapia ocupacional, fisioterapia e fonoaudiologia.
4.09 – Terapias de qualquer espécie destinadas ao tratamento físico, orgânico e mental.
4.10 – Nutrição.
4.11 – Obstetrícia.
4.12 – Odontologia.
4.13 – Ortóptica.
4.14 – Próteses sob encomenda.
4.15 – Psicanálise.
4.16 – Psicologia.
4.17 – Casas de repouso e de recuperação, creches, asilos e congêneres.
4.18 – Inseminação artificial, fertilização in vitro e congêneres.
4.19 – Bancos de sangue, leite, pele, olhos, óvulos, sêmen e congêneres.
4.20 – Coleta de sangue, leite, tecidos, sêmen, órgãos e materiais biológicos de qualquer espécie.
4.21 – Unidade de atendimento, assistência ou tratamento móvel e congêneres.
4.22 – Planos de medicina de grupo ou individual e convênios para prestação de assistência médica, hospitalar, odontológica e congêneres.
4.23 – Outros planos de saúde que se cumpram através de serviços de terceiros contratados, credenciados, cooperados ou apenas pagos pelo operador do plano mediante indicação do beneficiário.
5 – Serviços de medicina e assistência veterinária e congêneres.
5.01 – Medicina veterinária e zootecnia.
5.02 – Hospitais, clínicas, ambulatórios, prontos-socorros e congêneres, na área veterinária.
5.03 – Laboratórios de análise na área veterinária.
5.04 – Inseminação artificial, fertilização in vitro e congêneres.
5.05 – Bancos de sangue e de órgãos e congêneres.
5.06 – Coleta de sangue, leite, tecidos, sêmen, órgãos e materiais biológicos de qualquer espécie.
5.07 – Unidade de atendimento, assistência ou tratamento móvel e congêneres.
5.08 – Guarda, tratamento, amestramento, embelezamento, alojamento e congêneres.
5.09 – Planos de atendimento e assistência médico-veterinária.
6 – Serviços de cuidados pessoais, estética, atividades físicas e congêneres.
6.01 – Barbearia, cabeleireiros, manicuros, pedicuros e congêneres.
6.02 – Esteticistas, tratamento de pele, depilação e congêneres.
6.03 – Banhos, duchas, sauna, massagens e congêneres.
6.04 – Ginástica, dança, esportes, natação, artes marciais e demais atividades físicas.
6.05 – Centros de emagrecimento, spa e congêneres.
6.06 – Aplicação de tatuagens, piercings e congêneres. (Incluído pela Lei Complementar nº 157, de 2016)
7 – Serviços relativos a engenharia, arquitetura, geologia, urbanismo, construção civil, manutenção, limpeza, meio ambiente, saneamento e congêneres.

7.01 – Engenharia, agronomia, agrimensura, arquitetura, geologia, urbanismo, paisagismo e congêneres.

7.02 – Execução, por administração, empreitada ou subempreitada, de obras de construção civil, hidráulica ou elétrica e de outras obras semelhantes, inclusive sondagem, perfuração de poços, escavação, drenagem e irrigação, terraplanagem, pavimentação, concretagem e a instalação e montagem de produtos, peças e equipamentos (exceto o fornecimento de mercadorias produzidas pelo prestador de serviços fora do local da prestação dos serviços, que fica sujeito ao ICMS).

7.03 – Elaboração de planos diretores, estudos de viabilidade, estudos organizacionais e outros, relacionados com obras e serviços de engenharia; elaboração de anteprojetos, projetos básicos e projetos executivos para trabalhos de engenharia.

7.04 – Demolição.

7.05 – Reparação, conservação e reforma de edifícios, estradas, pontes, portos e congêneres (exceto o fornecimento de mercadorias produzidas pelo prestador dos serviços, fora do local da prestação dos serviços, que fica sujeito ao ICMS).

7.06 – Colocação e instalação de tapetes, carpetes, assoalhos, cortinas, revestimentos de parede, vidros, divisórias, placas de gesso e congêneres, com material fornecido pelo tomador do serviço.

7.07 – Recuperação, raspagem, polimento e lustração de pisos e congêneres.

7.08 – Calafetação.

7.09 – Varrição, coleta, remoção, incineração, tratamento, reciclagem, separação e destinação final de lixo, rejeitos e outros resíduos quaisquer.

7.10 – Limpeza, manutenção e conservação de vias e logradouros públicos, imóveis, chaminés, piscinas, parques, jardins e congêneres.

7.11 – Decoração e jardinagem, inclusive corte e poda de árvores.

7.12 – Controle e tratamento de efluentes de qualquer natureza e de agentes físicos, químicos e biológicos.

7.13 – Dedetização, desinfecção, desinsetização, imunização, higienização, desratização, pulverização e congêneres.

7.14 – (VETADO)

7.15 – (VETADO)

7.16 – Florestamento, reflorestamento, semeadura, adubação e congêneres.

7.16 – Florestamento, reflorestamento, semeadura, adubação, reparação de solo, plantio, silagem, colheita, corte e descascamento de árvores, silvicultura, exploração florestal e dos serviços congêneres indissociáveis da formação, manutenção e colheita de florestas, para quaisquer fins e por quaisquer meios. (Redação dada pela Lei Complementar nº 157, de 2016)

7.17 – Escoramento, contenção de encostas e serviços congêneres.

7.18 – Limpeza e dragagem de rios, portos, canais, baías, lagos, lagoas, represas, açudes e congêneres.

7.19 – Acompanhamento e fiscalização da execução de obras de engenharia, arquitetura e urbanismo.

7.20 – Aerofotogrametria (inclusive interpretação), cartografia, mapeamento, levantamentos topográficos, batimétricos, geográficos, geodésicos, geológicos, geofísicos e congêneres.

7.21 – Pesquisa, perfuração, cimentação, mergulho, perfilagem, concretação, testemunhagem, pescaria, estimulação e outros serviços relacionados com a exploração e explotação de petróleo, gás natural e de outros recursos minerais.

7.22 – Nucleação e bombardeamento de nuvens e congêneres.

8 – Serviços de educação, ensino, orientação pedagógica e educacional, instrução, treinamento e avaliação pessoal de qualquer grau ou natureza.

8.01 – Ensino regular pré-escolar, fundamental, médio e superior.

8.02 – Instrução, treinamento, orientação pedagógica e educacional, avaliação de conhecimentos de qualquer natureza.

9 – Serviços relativos a hospedagem, turismo, viagens e congêneres.

9.01 – Hospedagem de qualquer natureza em hotéis, apart-service condominiais, flat, apart-hotéis, hotéis residência, residence-service, suite service, hotelaria marítima, motéis, pensões e congêneres; ocupação por temporada com fornecimento de serviço (o valor da alimentação e gorjeta, quando incluído no preço da diária, fica sujeito ao Imposto Sobre Serviços).

9.02 – Agenciamento, organização, promoção, intermediação e execução de programas de turismo, passeios, viagens, excursões, hospedagens e congêneres.

9.03 – Guias de turismo.

10 – Serviços de intermediação e congêneres.

10.01 – Agenciamento, corretagem ou intermediação de câmbio, de seguros, de cartões de crédito, de planos de saúde e de planos de previdência privada.

10.02 – Agenciamento, corretagem ou intermediação de títulos em geral, valores mobiliários e contratos quaisquer.

10.03 – Agenciamento, corretagem ou intermediação de direitos de propriedade industrial, artística ou literária.

10.04 – Agenciamento, corretagem ou intermediação de contratos de arrendamento mercantil (*leasing*), de franquia (*franchising*) e de faturização (*factoring*).

10.05 – Agenciamento, corretagem ou intermediação de bens móveis ou imóveis, não abrangidos em outros itens ou subitens, inclusive aqueles realizados no âmbito de Bolsas de Mercadorias e Futuros, por quaisquer meios.

10.06 – Agenciamento marítimo.

10.07 – Agenciamento de notícias.

10.08 – Agenciamento de publicidade e propaganda, inclusive o agenciamento de veiculação por quaisquer meios.

10.09 – Representação de qualquer natureza, inclusive comercial.

10.10 – Distribuição de bens de terceiros.

11 – Serviços de guarda, estacionamento, armazenamento, vigilância e congêneres.

11.01 – Guarda e estacionamento de veículos terrestres automotores, de aeronaves e de embarcações.

11.02 – Vigilância, segurança ou monitoramento de bens e pessoas.

11.02 – Vigilância, segurança ou monitoramento de bens, pessoas e semoventes. (Redação dada pela Lei Complementar nº 157, de 2016)

11.03 – Escolta, inclusive de veículos e cargas.

11.04 – Armazenamento, depósito, carga, descarga, arrumação e guarda de bens de qualquer espécie.

12 – Serviços de diversões, lazer, entretenimento e congêneres.

12.01 – Espetáculos teatrais.
12.02 – Exibições cinematográficas.
12.03 – Espetáculos circenses.
12.04 – Programas de auditório.
12.05 – Parques de diversões, centros de lazer e congêneres.
12.06 – Boates, taxi-dancing e congêneres.
12.07 – Shows, ballet, danças, desfiles, bailes, óperas, concertos, recitais, festivais e congêneres.
12.08 – Feiras, exposições, congressos e congêneres.
12.09 – Bilhares, boliches e diversões eletrônicas ou não.
12.10 – Corridas e competições de animais.
12.11 – Competições esportivas ou de destreza física ou intelectual, com ou sem a participação do espectador.
12.12 – Execução de música.
12.13 – Produção, mediante ou sem encomenda prévia, de eventos, espetáculos, entrevistas, shows, ballet, danças, desfiles, bailes, teatros, óperas, concertos, recitais, festivais e congêneres.
12.14 – Fornecimento de música para ambientes fechados ou não, mediante transmissão por qualquer processo.
12.15 – Desfiles de blocos carnavalescos ou folclóricos, trios elétricos e congêneres.
12.16 – Exibição de filmes, entrevistas, musicais, espetáculos, shows, concertos, desfiles, óperas, competições esportivas, de destreza intelectual ou congêneres.
12.17 – Recreação e animação, inclusive em festas e eventos de qualquer natureza.
13 – Serviços relativos a fonografia, fotografia, cinematografia e reprografia.
13.01 – (VETADO)
13.02 – Fonografia ou gravação de sons, inclusive trucagem, dublagem, mixagem e congêneres.
13.03 – Fotografia e cinematografia, inclusive revelação, ampliação, cópia, reprodução, trucagem e congêneres.
13.04 – Reprografia, microfilmagem e digitalização.
13.05 – Composição gráfica, fotocomposição, clicheria, zincografia, litografia, fotolitografia.
13.05 – Composição gráfica, inclusive confecção de impressos gráficos, fotocomposição, clicheria, zincografia, litografia e fotolitografia, exceto se destinados a posterior operação de comercialização ou industrialização, ainda que incorporados, de qualquer forma, a outra mercadoria que deva ser objeto de posterior circulação, tais como bulas, rótulos, etiquetas, caixas, cartuchos, embalagens e manuais técnicos e de instrução, quando ficarão sujeitos ao ICMS. (Redação dada pela Lei Complementar nº 157, de 2016)
14 – Serviços relativos a bens de terceiros.
14.01 – Lubrificação, limpeza, lustração, revisão, carga e recarga, conserto, restauração, blindagem, manutenção e conservação de máquinas, veículos, aparelhos, equipamentos, motores, elevadores ou de qualquer objeto (exceto peças e partes empregadas, que ficam sujeitas ao ICMS).
14.02 – Assistência técnica.

14.03 – Recondicionamento de motores (exceto peças e partes empregadas, que ficam sujeitas ao ICMS).
14.04 – Recauchutagem ou regeneração de pneus.
14.05 – Restauração, recondicionamento, acondicionamento, pintura, beneficiamento, lavagem, secagem, tingimento, galvanoplastia, anodização, corte, recorte, polimento, plastificação e congêneres, de objetos quaisquer.
14.05 – Restauração, recondicionamento, acondicionamento, pintura, beneficiamento, lavagem, secagem, tingimento, galvanoplastia, anodização, corte, recorte, plastificação, costura, acabamento, polimento e congêneres de objetos quaisquer. (Redação dada pela Lei Complementar nº 157, de 2016)
14.06 – Instalação e montagem de aparelhos, máquinas e equipamentos, inclusive montagem industrial, prestados ao usuário final, exclusivamente com material por ele fornecido.
14.07 – Colocação de molduras e congêneres.
14.08 – Encadernação, gravação e douração de livros, revistas e congêneres.
14.09 – Alfaiataria e costura, quando o material for fornecido pelo usuário final, exceto aviamento.
14.10 – Tinturaria e lavanderia.
14.11 – Tapeçaria e reforma de estofamentos em geral.
14.12 – Funilaria e lanternagem.
14.13 – Carpintaria e serralheria.
14.14 – Guincho intramunicipal, guindaste e içamento. (Redação dada pela Lei Complementar nº 157, de 2016)
15 – Serviços relacionados ao setor bancário ou financeiro, inclusive aqueles prestados por instituições financeiras autorizadas a funcionar pela União ou por quem de direito.
15.01 – Administração de fundos quaisquer, de consórcio, de cartão de crédito ou débito e congêneres, de carteira de clientes, de cheques pré-datados e congêneres.
15.02 – Abertura de contas em geral, inclusive conta-corrente, conta de investimentos e aplicação e caderneta de poupança, no País e no exterior, bem como a manutenção das referidas contas ativas e inativas.
15.03 – Locação e manutenção de cofres particulares, de terminais eletrônicos, de terminais de atendimento e de bens e equipamentos em geral.
15.04 – Fornecimento ou emissão de atestados em geral, inclusive atestado de idoneidade, atestado de capacidade financeira e congêneres.
15.05 – Cadastro, elaboração de ficha cadastral, renovação cadastral e congêneres, inclusão ou exclusão no Cadastro de Emitentes de Cheques sem Fundos – CCF ou em quaisquer outros bancos cadastrais.
15.06 – Emissão, reemissão e fornecimento de avisos, comprovantes e documentos em geral; abono de firmas; coleta e entrega de documentos, bens e valores; comunicação com outra agência ou com a administração central; licenciamento eletrônico de veículos; transferência de veículos; agenciamento fiduciário ou depositário; devolução de bens em custódia.
15.07 – Acesso, movimentação, atendimento e consulta a contas em geral, por qualquer meio ou processo, inclusive por telefone, fac-símile, internet e telex, acesso a terminais de atendimento, inclusive vinte e quatro horas; acesso a outro banco e a rede compartilhada; fornecimento de saldo,

extrato e demais informações relativas a contas em geral, por qualquer meio ou processo.

15.08 – Emissão, reemissão, alteração, cessão, substituição, cancelamento e registro de contrato de crédito; estudo, análise e avaliação de operações de crédito; emissão, concessão, alteração ou contratação de aval, fiança, anuência e congêneres; serviços relativos a abertura de crédito, para quaisquer fins.

15.09 – Arrendamento mercantil (*leasing*) de quaisquer bens, inclusive cessão de direitos e obrigações, substituição de garantia, alteração, cancelamento e registro de contrato, e demais serviços relacionados ao arrendamento mercantil (*leasing*).

15.10 – Serviços relacionados a cobranças, recebimentos ou pagamentos em geral, de títulos quaisquer, de contas ou carnês, de câmbio, de tributos e por conta de terceiros, inclusive os efetuados por meio eletrônico, automático ou por máquinas de atendimento; fornecimento de posição de cobrança, recebimento ou pagamento; emissão de carnês, fichas de compensação, impressos e documentos em geral.

15.11 – Devolução de títulos, protesto de títulos, sustação de protesto, manutenção de títulos, reapresentação de títulos, e demais serviços a eles relacionados.

15.12 – Custódia em geral, inclusive de títulos e valores mobiliários.

15.13 – Serviços relacionados a operações de câmbio em geral, edição, alteração, prorrogação, cancelamento e baixa de contrato de câmbio; emissão de registro de exportação ou de crédito; cobrança ou depósito no exterior; emissão, fornecimento e cancelamento de cheques de viagem; fornecimento, transferência, cancelamento e demais serviços relativos a carta de crédito de importação, exportação e garantias recebidas; envio e recebimento de mensagens em geral relacionadas a operações de câmbio.

15.14 – Fornecimento, emissão, reemissão, renovação e manutenção de cartão magnético, cartão de crédito, cartão de débito, cartão salário e congêneres.

15.15 – Compensação de cheques e títulos quaisquer; serviços relacionados a depósito, inclusive depósito identificado, a saque de contas quaisquer, por qualquer meio ou processo, inclusive em terminais eletrônicos e de atendimento.

15.16 – Emissão, reemissão, liquidação, alteração, cancelamento e baixa de ordens de pagamento, ordens de crédito e similares, por qualquer meio ou processo; serviços relacionados à transferência de valores, dados, fundos, pagamentos e similares, inclusive entre contas em geral.

15.17 – Emissão, fornecimento, devolução, sustação, cancelamento e oposição de cheques quaisquer, avulso ou por talão.

15.18 – Serviços relacionados a crédito imobiliário, avaliação e vistoria de imóvel ou obra, análise técnica e jurídica, emissão, reemissão, alteração, transferência e renegociação de contrato, emissão e reemissão do termo de quitação e demais serviços relacionados a crédito imobiliário.

16 – Serviços de transporte de natureza municipal.

16.01 – Serviços de transporte de natureza municipal.

16.01 – Serviços de transporte coletivo municipal rodoviário, metroviário, ferroviário e aquaviário de passageiros. (Redação dada pela Lei Complementar nº 157, de 2016)

16.02 – Outros serviços de transporte de natureza municipal. (Incluído pela Lei Complementar nº 157, de 2016)

17 – Serviços de apoio técnico, administrativo, jurídico, contábil, comercial e congêneres.
    17.01 – Assessoria ou consultoria de qualquer natureza, não contida em outros itens desta lista; análise, exame, pesquisa, coleta, compilação e fornecimento de dados e informações de qualquer natureza, inclusive cadastro e similares.
    17.02 – Datilografia, digitação, estenografia, expediente, secretaria em geral, resposta audível, redação, edição, interpretação, revisão, tradução, apoio e infra-estrutura administrativa e congêneres.
    17.03 – Planejamento, coordenação, programação ou organização técnica, financeira ou administrativa.
    17.04 – Recrutamento, agenciamento, seleção e colocação de mão-de-obra.
    17.05 – Fornecimento de mão-de-obra, mesmo em caráter temporário, inclusive de empregados ou trabalhadores, avulsos ou temporários, contratados pelo prestador de serviço.
    17.06 – Propaganda e publicidade, inclusive promoção de vendas, planejamento de campanhas ou sistemas de publicidade, elaboração de desenhos, textos e demais materiais publicitários.
    17.07 – (VETADO)
    17.08 – Franquia (*franchising*).
    17.09 – Perícias, laudos, exames técnicos e análises técnicas.
    17.10 – Planejamento, organização e administração de feiras, exposições, congressos e congêneres.
    17.11 – Organização de festas e recepções; bufê (exceto o fornecimento de alimentação e bebidas, que fica sujeito ao ICMS).
    17.12 – Administração em geral, inclusive de bens e negócios de terceiros.
    17.13 – Leilão e congêneres.
    17.14 – Advocacia.
    17.15 – Arbitragem de qualquer espécie, inclusive jurídica.
    17.16 – Auditoria.
    17.17 – Análise de Organização e Métodos.
    17.18 – Atuária e cálculos técnicos de qualquer natureza.
    17.19 – Contabilidade, inclusive serviços técnicos e auxiliares.
    17.20 – Consultoria e assessoria econômica ou financeira.
    17.21 – Estatística.
    17.22 – Cobrança em geral.
    17.23 – Assessoria, análise, avaliação, atendimento, consulta, cadastro, seleção, gerenciamento de informações, administração de contas a receber ou a pagar e em geral, relacionados a operações de faturização (*factoring*).
    17.24 – Apresentação de palestras, conferências, seminários e congêneres.
    17.25 – Inserção de textos, desenhos e outros materiais de propaganda e publicidade, em qualquer meio (exceto em livros, jornais, periódicos e nas modalidades de serviços de radiodifusão sonora e de sons e imagens de recepção livre e gratuita). (Incluído pela Lei Complementar nº 157, de 2016)
18 – Serviços de regulação de sinistros vinculados a contratos de seguros; inspeção e avaliação de riscos para cobertura de contratos de seguros; prevenção e gerência de riscos seguráveis e congêneres.
    18.01 – Serviços de regulação de sinistros vinculados a contratos de seguros; inspeção e avaliação de riscos para cobertura de contratos de seguros; prevenção e gerência de riscos seguráveis e congêneres.

19 – Serviços de distribuição e venda de bilhetes e demais produtos de loteria, bingos, cartões, pules ou cupons de apostas, sorteios, prêmios, inclusive os decorrentes de títulos de capitalização e congêneres.

    19.01 – Serviços de distribuição e venda de bilhetes e demais produtos de loteria, bingos, cartões, pules ou cupons de apostas, sorteios, prêmios, inclusive os decorrentes de títulos de capitalização e congêneres.

20 – Serviços portuários, aeroportuários, ferroportuários, de terminais rodoviários, ferroviários e metroviários.

    20.01 – Serviços portuários, ferroportuários, utilização de porto, movimentação de passageiros, reboque de embarcações, rebocador escoteiro, atracação, desatracação, serviços de praticagem, capatazia, armazenagem de qualquer natureza, serviços acessórios, movimentação de mercadorias, serviços de apoio marítimo, de movimentação ao largo, serviços de armadores, estiva, conferência, logística e congêneres.

    20.02 – Serviços aeroportuários, utilização de aeroporto, movimentação de passageiros, armazenagem de qualquer natureza, capatazia, movimentação de aeronaves, serviços de apoio aeroportuários, serviços acessórios, movimentação de mercadorias, logística e congêneres.

    20.03 – Serviços de terminais rodoviários, ferroviários, metroviários, movimentação de passageiros, mercadorias, inclusive suas operações, logística e congêneres.

21 – Serviços de registros públicos, cartorários e notariais.

    21.01 – Serviços de registros públicos, cartorários e notariais.

22 – Serviços de exploração de rodovia.

    22.01 – Serviços de exploração de rodovia mediante cobrança de preço ou pedágio dos usuários, envolvendo execução de serviços de conservação, manutenção, melhoramentos para adequação de capacidade e segurança de trânsito, operação, monitoração, assistência aos usuários e outros serviços definidos em contratos, atos de concessão ou de permissão ou em normas oficiais.

23 – Serviços de programação e comunicação visual, desenho industrial e congêneres.

    23.01 – Serviços de programação e comunicação visual, desenho industrial e congêneres.

24 – Serviços de chaveiros, confecção de carimbos, placas, sinalização visual, banners, adesivos e congêneres.

    24.01 – Serviços de chaveiros, confecção de carimbos, placas, sinalização visual, banners, adesivos e congêneres.

25 – Serviços funerários.

    25.01 – Funerais, inclusive fornecimento de caixão, urna ou esquifes; aluguel de capela; transporte do corpo cadavérico; fornecimento de flores, coroas e outros paramentos; desembaraço de certidão de óbito; fornecimento de véu, essa e outros adornos; embalsamento, embelezamento, conservação ou restauração de cadáveres.

    25.02 – Cremação de corpos e partes de corpos cadavéricos.

    25.02 – Translado intramunicipal e cremação de corpos e partes de corpos cadavéricos. (Redação dada pela Lei Complementar nº 157, de 2016)

    25.03 – Planos ou convênio funerários.

    25.04 – Manutenção e conservação de jazigos e cemitérios.

25.05 – Cessão de uso de espaços em cemitérios para sepultamento. (Incluído pela Lei Complementar nº 157, de 2016)
26 – Serviços de coleta, remessa ou entrega de correspondências, documentos, objetos, bens ou valores, inclusive pelos correios e suas agências franqueadas; courrier e congêneres.
    26.01 – Serviços de coleta, remessa ou entrega de correspondências, documentos, objetos, bens ou valores, inclusive pelos correios e suas agências franqueadas; courrier e congêneres.
27 – Serviços de assistência social.
    27.01 – Serviços de assistência social.
28 – Serviços de avaliação de bens e serviços de qualquer natureza.
    28.01 – Serviços de avaliação de bens e serviços de qualquer natureza.
29 – Serviços de biblioteconomia.
    29.01 – Serviços de biblioteconomia.
30 – Serviços de biologia, biotecnologia e química.
    30.01 – Serviços de biologia, biotecnologia e química.
31 – Serviços técnicos em edificações, eletrônica, eletrotécnica, mecânica, telecomunicações e congêneres.
    31.01 – Serviços técnicos em edificações, eletrônica, eletrotécnica, mecânica, telecomunicações e congêneres.
32 – Serviços de desenhos técnicos.
    32.01 – Serviços de desenhos técnicos.
33 – Serviços de desembaraço aduaneiro, comissários, despachantes e congêneres.
    33.01 – Serviços de desembaraço aduaneiro, comissários, despachantes e congêneres.
34 – Serviços de investigações particulares, detetives e congêneres.
    34.01 – Serviços de investigações particulares, detetives e congêneres.
35 – Serviços de reportagem, assessoria de imprensa, jornalismo e relações públicas.
    35.01 – Serviços de reportagem, assessoria de imprensa, jornalismo e relações públicas.
36 – Serviços de meteorologia.
    36.01 – Serviços de meteorologia.
37 – Serviços de artistas, atletas, modelos e manequins.
    37.01 – Serviços de artistas, atletas, modelos e manequins.
38 – Serviços de museologia.
    38.01 – Serviços de museologia.
39 – Serviços de ourivesaria e lapidação.
    39.01 – Serviços de ourivesaria e lapidação (quando o material for fornecido pelo tomador do serviço).
40 – Serviços relativos a obras de arte sob encomenda.
    40.01 – Obras de arte sob encomenda.

Bibliografia

ABRÃO, Nelson. *Direito Bancário*. 5ª ed., São Paulo: Saraiva, 1999.
ATALIBA, Geraldo. *Hipótese de Incidência Tributária*. 2ª ed. São Paulo: Revista dos Tribunais.
ÁVILA, Humberto. "Imposto sobre prestação de serviço de qualquer natureza – ISS. Normas constitucionais aplicáveis. Precedentes do Supremo tribunal federal. Hipótese de incidência, base de cálculo e o local da prestação do *leasing* financeiro: análise de incidência", in *Revista Dialética de Direito Tributário*, nº 122, novembro/2005.
——. "Imposto sobre a prestação de serviços de qualquer natureza. Contrato de *leasing* financeiro. Decisão do Supremo Tribunal Federal. Local da prestação e base de cálculo", in *Revista Dialética de Direito Tributário* nº 182, novembro de 2010.
——. "O Imposto sobre Serviços e a Lei Complementar nº 116/2003", *in O ISS e a LC nº 116*. Coord. Valdir de Oliveira Rocha, Dialética: São Paulo, 2003.
BALEEIRO, Aliomar. *Uma Introdução à Ciência das Finanças*. 12ª ed. Rio de Janeiro: Forense.
——. *Limitações Constitucionais ao Poder de Tributar*. 4ª ed. Rio de Janeiro: Forense, 1974.
BARRETO, Aires F. *ISS na Constituição e na Lei*. São Paulo: Dialética, 2003.
——. *Curso de Direito Tributário Municipal*. São Paulo: Saraiva, 2009.
BARROS, Luiz Celso de. *Direito Tributário*. 2ª ed. Bauru/São Paulo: Edipro, 2008.
BARROSO, Luis Roberto. *O Direito Constitucional e a Efetividade de suas Normas*. 3ª ed. Rio de Janeiro: Renovar, 1996.
BOITEAUX, Fernando Netto. "Contrato de *leasing* e valor residual – Seus efeitos tributários", in *Revista Dialética de Direito Tributário*, nº 66, março/2001.
CARRAZZA, Roque Antonio. *Curso de Direito Constitucional Tributário*. 23ª ed. São Paulo: Malheiros, 2007.
——. *ICMS*. 7ª ed., São Paulo: Malheiros, 2001.
CARVALHO, Paulo de Barros. *Curso de Direito Tributário*. 16ª ed. São Paulo: Saraiva, 2004.
COELHO, Fábio Ulhoa. *Curso de Direito Comercial*. Vol. 3, São Paulo: Saraiva, 2007.
——. *Manual de Direito Comercial*, São Paulo: Saraiva, 2007.
COELHO, Sacha Calmon Navarro. *Teoria Geral do Tributo e da Exoneração Tributária*, São Paulo: Revista dos Tribunais.
——. *Sistema Tributário*. 2ª ed. Rio de Janeiro : Forense, 1990.
FERRAZ, Roberto; BOARETO, Luiz Alfredo *et* SOUZA NETO, Nelson. "ISS sobre *leasing* – momento de afirmação do sistema tributário brasileiro", in *Revista Dialética de Direito Tributário*, nº 163, abril/2009.
GASPAR, Walter. *ISS – Teoria e Prática*. Lumen Juris. 1994.
HARADA, Kiyoshi. *ISS – Doutrina e Prática*. São Paulo: Atlas, 2008.
LEÃO, José Francisco Miranda. *Leasing – O Arrendamento Financeiro*. 2ª ed. São Paulo: Malheiros, 2000.
MACHADO, Hugo de Brito *et* MACHADO, Raquel Cavalcante Ramos. "ISS e operações de *leasing*", in *Revista Dialética de Direito Tributário*, nº 139, abril/2007.
MACHADO. Hugo de Brito. *Curso de Direito Tributário*. 10ª ed. São Paulo: Malheiros, 2004.

MANCUSO, Rodolfo Camargo. *Leasing*. 2ª ed. São Paulo: Revista dos Tribunais, 1999.

MANGIERI, Francisco Ramos. *ISS – Teoria, Prática e Questões Polêmicas,* 3ª ed. Bauru/São Paulo: Edipro, 2003.

MARTINS, Frans. Contratos e Obrigações Comerciais. 14ª ed. Rio de Janeiro: Forense, 1998.

MARTINS, Ives Gandra da Silva, em conjunto com outros tributaristas. *Comentários ao Código Tributário Nacional.* São Paulo: Saraiva, 1998.

MELO, Fábio Soares de. "Imposto sobre serviços de qualquer natureza. Arrendamento mercantil (*leasing*). Critérios para definição do município competente. Lei Complementar nº 116/2203", in *Revista Dialética de Direito Tributário*, nº 102, março/2004.

MELO, José Eduardo Soares de. "O ICMS e o *leasing* na impostação", in *ICMS – Aspectos Jurídicos Relevantes,* coord. Paulo A. Fernandes Campilongo. São Paulo: Quartier Latin, 2006.

——. *Aspectos Teóricos e Práticos do ISS*. São Paulo: Dialética, 2005.

MORAES, Bernardo Ribeiro de. *Doutrina e Prática do ISS*. São Paulo: Revista dos Tribunais.

PAULSEN, Leandro. *Capacidade colaborativa – princípio de Direito Tributário para obrigações acessórias e de terceiros*. Porto Alegre: Livraria do Advogado, 2014.

PRADE, Péricles. "Competência tributária privativa do município para instituir ISSQN nas operações de *leasing*: aspectos relevantes e novos", *in Revista Dialética de Direito Tributário,* nº 96, setembro/2003.

RIZZARDO, Arnaldo. *Leasing*. 3ª ed. São Paulo: Revista dos Tribunais, 1997.

TAUIL, Roberto. "ISS sobre administração de cartões de crédito e débito", disponível em: <www.consultormunicipal.com.br>.

——. "ISS sobre o *leasing*", disponívem em: <www.consultormunicipal.com.br>.

TROIANELLI, Gabriel Lacerda *et* GUEIROS, Juliana. "O ISS e a Lei Complementar nº 116/2003: aspectos polêmicos da Lista de Serviços", in *O ISS e a LC nº 116.* coord. Valdir de Oliveira Rocha São Paulo: Dialética, 2003.

Impressão:
Evangraf
Rua Waldomiro Schapke, 77 - POA/RS
Fone: (51) 3336.2466 - (51) 3336.0422
E-mail: evangraf.adm@terra.com.br